La faillite

QUE SAIS-JE ?

La faillite

YVES CHAPUT
Agrégé des Facultés de Droit
Professeur à l'Université de Clermont-I

ISBN 2 13 036970 7

1re édition : 2e trimestre 1981

108, Bd Saint-Germain, 75006 Paris

INTRODUCTION

Etudier la faillite suppose qu'on se livre d'abord à un exercice de *vocabulaire*. La littérature facilite cette première approche. Prenons un dialogue tiré de *Bernard Quesnay*, d'André Maurois :

« Mais vous êtes en faillite virtuelle, Monsieur. M. Vanekem, indulgent, parut plus affligé que froissé d'un manque de tact aussi regrettable. En faillite !... dit-il, Mais vous vous croyez au temps de Balzac, mon cher. On ne fait plus faillite. Je serai peut-être obligé de demander la liquidation transactionnelle de mes affaires, mais je ne le crois pas. Il me semble que mes créanciers, parmi lesquels j'ai à la fois le plaisir et le regret de vous compter, auraient intérêt à accepter une réparation à l'amiable de trente à quarante pour cent... »

Le cynique Vanekem connaissait mal Balzac qui savait fort bien ce qu'est une faillite et ce que les créanciers espèrent.

« Les gros négociants ne déposent pas leur bilan, ils liquident à l'amiable... On évite le déshonneur, les délais judiciaires, les honoraires d'agréés, les dépréciations de marchandises » (lire, évidemment, *César Birotteau*, *Eugénie Grandet* ou *La maison Nucinguen* et voir Guyon : Une faillite au début du XIXe siècle selon le roman de Balzac, *César Birotteau*, in *Etudes Jauffret*).

Le droit a évolué plus que la psychologie des débiteurs et des créanciers. Mais ces réflexions roublardes font ressortir un des aspects des procédures que nous allons étudier. Elles sont d'abord *collectives* puisqu'elles intéressent l'ensemble des créanciers d'un débiteur en état de cessation des paiements.

Elles sont, en outre, *judiciaires.* Quant à leur finalité, elle s'est transformée depuis. Avec la réforme du 13 juillet 1967, Vanekem ne serait pas mis en faillite sous le seul prétexte qu'il est dans l'impossibilité de payer ses dettes, mais parce qu'il a commis des fautes.

En schématisant, on peut dire qu'il existe, désormais, deux séries de mesures distinctes :

— *les solutions financières :* qui sont le règlement judiciaire et la liquidation des biens. Elles doivent permettre d'assurer l'apurement de la situation patrimoniale du débiteur et de décider de l'avenir de l'entreprise ;
— *les sanctions personnelles :* parmi lesquelles se trouve la faillite personnelle qui emporte pour le débiteur de nombreuses déchéances dont celle de diriger une entreprise commerciale.

Le législateur a voulu dissocier les solutions de nature économique et financière des sanctions qui frappent les débiteurs malhonnêtes. Nous aurons à y revenir.

Pour éviter que le public ne continue à voir dans les procédures collectives une inévitable flétrissure d'un coupable, il a procédé à des changements terminologiques. Mais si une entreprise peut être en difficulté sans défaillance de ses dirigeants, dans le langage courant, à cause de l'intervention judiciaire qu'elle implique, reparaît le nom de faillite. C'est la raison pour laquelle nous l'avons conservé comme titre général. La facilité n'y est pas étrangère ! Débiteur en faillite est plus vite dit que : « débiteur en règlement judiciaire ou en liquidation des biens » !

Dès l'origine, d'ailleurs, une ambivalence découle du terme faillite, comme le montre l'étymologie. Selon Robert, dans le *Dictionnaire analogique de la langue française*, faillite vient de l'italien *fallire*, manquer, autrement dit, s'écrieront certains, la faillite ce n'est pas un manquement quelconque, c'est un manque d'argent, un oubli de l'échéance. Faillite dérive du latin *fallere* et laisse transparaître l'idée d'une tromperie. Le mot contient ainsi en germe la distinction entre celui qui ne paye pas et celui qui trompe ses créanciers.

Scientifiquement, il n'est pas possible de recouvrir uniformément du nom humiliant de faillite, tout aussi bien la faillite personnelle, le règlement judiciaire ou la liquidation des biens.

Pour comprendre ces différences, il n'est pas inutile de survoler l'histoire du droit de la faillite (I), ni d'ouvrir d'autres perspectives avec le droit comparé (II), ce qui nous conduira à montrer quelques-unes des difficultés d'une réforme du droit français actuel (III).

I. — L'évolution du droit de la faillite

Deux conceptions dominantes ont été relevées. Si elles ont pu être opposées, elles sont en réalité plus complémentaires que contradictoires :

— le débiteur est *coupable* de ne pas payer ;
— le règlement de son passif doit être *collectif*.

Avec le développement récent des entreprises, une troisième voie tend à l'emporter depuis quelques années :

— la survie d'une *entreprise* viable.

Survie qui s'imposera malgré la ruine du débiteur et le nombre comme l'importance des dettes impayées.

Ces différentes idées n'ont été dégagées que tardivement. Elles ne le sont pas encore clairement s'agissant de la notion et des intérêts de l'entreprise. Pendant longtemps la faillite a été considérée comme infamante et destinée à flétrir un débiteur indélicat.

En droit hellénique, égyptien ou hébraïque, étaient connues les voies d'exécution sur la *personne* du débiteur, qui pouvait être réduit en *esclavage*. Ses créanciers agissaient en ordre séparé, *individuellement*. A Rome même, la loi des XII Tables était très rigoureuse pour le débiteur insolvable. Il pouvait être asservi pour dette et vendu.

L'ancien droit germanique admettait également les voies d'exécution sur la personne. Il ignorait l'action collective des créanciers.

Cette idée du groupement des créanciers afin que la procédure soit collective serait d'*origine romaine*. La faillite trouverait une lointaine source d'inspiration dans la *missio in possessionem* du préteur romain.

Le droit romain inspirera le droit des cités marchandes *italiennes*, au Moyen Age. Le failli y est un criminel. Pour l'empêcher de nuire, mais surtout à titre d'exemple, son banc de marchand est rompu (*banco rotto*, origine du mot banqueroute). Encore que la faillite n'ait généralement pas été réservée aux commerçants.

Les procédures *italiennes*, comme souvent en droit commercial, influenceront le droit français. Elles serviront de modèle au « règlement de la place des changes de Lyon » du 2 juin 1667. Leurs principales solutions seront reprises dans la « *Grande Ordonnance sur le commerce* » *de 1673*.

Dès le *XVI*e *siècle* s'était développée l'idée d'une *égalité* à respecter entre les créanciers impayés. Elle existait déjà au XIIIe siècle, dans certaines coutumes. En cas de *déconfiture* (*decoctor*, homme ruiné, de *decoquere*, réduire à la cuisson) du débiteur, ses créanciers seront désintéressés au « marc le franc », autrement dit en proportion du montant de leurs créances.

Cette prise en considération des intérêts collectifs ne fit pas perdre à la faillite son caractère infamant. Le pouvoir royal, devant la multiplication des banqueroutes, choisira la voie de la répression. Le nombre des édits a pu faire douter de leur efficacité ; il atteste, à tout le moins, la multiplication des défaillances des débiteurs. La peine capitale sera maintenue par l'ordonnance de 1673.

Le débiteur était soulagé de ne subir que la peine du *repentir*. On l'expose en chemise, la corde au cou (comme les usuriers des chapiteaux romans), une torche ardente à la main, un écriteau sur le ventre, un autre dans le dos. Surprenant et inquiétant « homme-sandwich » proclamant ses crimes.

La législation napoléonienne, avec le Code de commerce de *1807*, apporta des améliorations techniques à la procédure, mais resta *rigoureuse* pour le failli.

Les mesures patrimoniales s'accompagnent de sanctions. Le débiteur est incarcéré ou gardé à vue. L'arrestation est volontairement humiliante, car on songe à l'exemplarité de la peine. Elle a aussi pour but d'éviter que le débiteur ne profite de sa liberté pour réaliser des opérations frauduleuses. La contrainte par corps a été supprimée en 1867, mais l'incarcération du débiteur failli ne disparaîtra définitivement qu'en 1955.

Pour le Premier Consul, la faillite est un naufrage et en cas de naufrage on commence par arrêter le capitaine, s'il n'a pas coulé avec le navire !

La sévérité du droit français se révéla inadaptée. Les débiteurs apeurés tentaient par des moyens extrêmes de se soustraire à la faillite. Ils aggravaient ainsi la situation de la plupart de leurs créanciers. Mais les plus habiles, par chantage à la faillite, se faisaient parfois reconnaître des avantages éhontés.

Le droit de la faillite devait évoluer dans le sens d'une moindre rigueur envers le débiteur, d'une meilleure protection des intérêts collectifs et d'une affirmation, enfin, de l'importance de l'entreprise. Toutefois, ce mouvement ne fut pas linéaire. Les crises économiques provoquèrent des regains de sévérité. Certaines euphories conduisirent à des bienveillances irréfléchies.

La *loi du 4 mars 1889* devait distinguer entre le commerçant malhonnête et le malchanceux. Le bon commerçant put bénéficier de la liquidation judiciaire et rester à la tête de ses affaires, simplement assisté d'un liquidateur, et échapper à des déchéances infamantes.

Le législateur au XIXe siècle réagit, en revanche, contre les abus que rendaient possibles les formes modernes d'exploitation en société.

C'est avec le *décret du 20 mai 1955* qu'affleurent les procédures actuelles. Il oppose le règlement judiciaire à la faillite. Le premier doit aboutir à la reprise par le débiteur de son activité grâce au vote d'un concordat par ses créanciers. Ces mesures de faveur perdent leur caractère exceptionnel et profitent aux débiteurs qui n'ont pas démérité.

La seconde entraîne, au contraire, la liquidation des biens du débiteur et, avec la cessation de son activité, la disparition de l'entreprise. Le débiteur indigne est éliminé de la vie commerciale.

Le décret de *1955*, tout en apportant des nouveautés heureuses, conservait une *ambiguïté* fondamentale. On a cherché à l'atténuer par la suite. L'option entre le règlement judiciaire et la faillite reposait sur le critère de l'honnêteté du chef d'entreprise. Or, la faillite était à la fois une sanction des fautes du débiteur et une procédure de liquidation de l'entreprise. Et si, par le règlement judiciaire, l'entreprise était sauvée, ce n'était pas, au moins en théorie, en fonction de ses chances de survie, mais parce que le débiteur était honnête. D'où l'embarras des juges consulaires, en présence d'une entreprise saine et d'un débiteur véreux. La logique du décret les conduisait à condamner l'entreprise.

La *loi n° 67-563 du 13 juillet 1967* a eu pour principal souci de *distinguer l'homme, c'est-à-dire le débiteur, de l'entreprise.* Pour échapper au dilemme précédent, on a voulu, tout à la fois, éliminer les entreprises économiquement condamnées, sans flétrir leurs dirigeants innocents, et redresser les entreprises viables, sans absoudre leurs dirigeants fautifs. Mais le fait que la notion d'entreprise soit encore fuyante n'est pas sans influence sur le droit de la faillite. La difficulté étant signalée, nous aurons à y revenir.

Aussi peut-on dire, en simplifiant, que le règlement judiciaire, par le biais d'un concordat, conduit à la survie de l'entreprise, alors que la liquidation des biens entraîne sa disparition.

Une grande rigueur est donc nécessaire dans le choix du règlement judiciaire ou de la liquidation des biens. La loi de 1967 aboutit à une *valorisation du concordat.*

En outre, parallèlement, une ordonnance *n° 67-820 du 23 septembre 1967* a créé une *procédure préventive* destinée à faciliter le redressement d'entreprises importantes.

Toutefois, il convient d'insister sur les conséquences de la *crise* économique actuelle. La loi et l'ordonnance de 1967 dont les dispositions ont été rendues nécessaires par l'inadaptation des textes antérieurs ont été préparées en période d'expansion économique. Elles ont pu sembler insuffisantes pour faire face aux difficultés actuelles. Or, le droit comparé offre souvent des modèles et des sujets de réflexion aux réformateurs. Sans envisager une véritable approche des législations étrangères, il n'est pas sans intérêt de souligner des tendances.

II. — Le droit comparé

(Sur cette question consulter notamment : *Les procédures collectives de liquidation ou de renflouement des entreprises en droit comparé* ; Travaux de Recherches de l'Institut de Droit comparé de Paris, 1975 ; *L'entreprise en difficulté et initiative publique*, Bruxelles, 1980.)

Comme peut le laisser prévoir l'évolution du droit de la faillite, deux conceptions apparaissent en droit comparé. Certaines législations privilégient le caractère *répressif* de la faillite et insistent sur les sanctions menaçant le débiteur. D'autres partent des droits des créanciers, mettant en avant le règlement *collectif* du passif et la situation obérée du débiteur. La motivation des sanctions personnelles en est alors indépendante.

En outre, il existe des législations qui ont principalement en vue, non plus l'intérêt des créanciers ou le comportement du débiteur, mais le *rôle social* de l'entreprise. C'est le cas de beaucoup de pays à économie planifiée et spécialement des pays socialistes. Dans de tels systèmes, la survie ou la disparition de l'entreprise dépend de décisions d'organes étatiques, prises en fonction de l'utilité de l'entreprise pour l'intérêt général. Le fait qu'elle soit déficitaire n'étant pas une cause irrémédiable de sa disparition. Aussi, mis à part la Yougoslavie, la faillite a disparu de leurs institutions.

Les droits des pays germaniques ou anglo-saxons reposent, par tradition, sur le besoin d'assurer le règlement collectif des créanciers. Aussi comprend-on mieux qu'il n'y ait pas de distinction entre les commerçants et les non-commerçants. Ces derniers n'ont pas à être protégés contre des mesures qui, au contraire, peuvent leur être utiles.

Les pays *latins*, qui ont subi l'influence du droit italien du Moyen Age, conservent dans leurs législations des traces de l'aspect répressif attaché à la faillite. Ils ont donc, le plus souvent, cherché à en protéger les non-commerçants.

Martin →
Salaire étudiant été Aide

Pascale Grietzendauner

Mardi 16 11h00
Tel de J. Bourgeois -
1er Juin 81 Cessation de paiement
jugt. du 2

De manière générale, chaque pays dispose d'au moins deux procédures. L'une, comparable à notre liquidation des biens, conduit à une cessation d'activité, l'autre, équivalent du règlement judiciaire, rend possible la continuation de l'exploitation, grâce à un concordat.

Beaucoup de législations comportent, en outre, l'institution d'un *concordat préventif* ou de mesures de *sauvegarde* destinées à pallier les difficultés financières du débiteur avant même qu'elles soient par trop menaçantes.

C'est le cas de l'Allemagne, de la Belgique, de la Grande-Bretagne, de la Hollande, de l'Italie, de la Suisse. La *Belgique* a créé une procédure de *gestion contrôlée* par laquelle un curateur, désigné par une commission *bancaire*, a pour mission d'aider les entreprises à surmonter les obstacles financiers.

Le droit *anglais* et le droit *italien* ont prévu des procédures distinctes, en fonction de l'importance de l'entreprise et de sa nature juridique. La procédure se trouve *simplifiée* pour les petites entreprises.

La *Suisse* a institué, notamment, des mesures particulières en faveur des *banques*, pour leur permettre de faire face à des difficultés momentanées.

Ce qu'on peut retenir de ce tour d'horizon, c'est que le droit comparé ouvre un champ d'expérience et d'inspiration pour une réforme du droit français. Encore faut-il tenir compte des particularités, ne serait-ce que psychologiques, de chaque pays et de la connexité des différentes branches d'une législation dont la faillite ne peut être artificiellement isolée.

III. — Les projets de réforme

De nombreuses suggestions ont été faites pour améliorer les dispositions du droit français.

Les mesures de sauvegarde des entreprises interviennent souvent bien tard, lorsque l'irréparable s'est produit et que le débiteur a dû cesser ses paiements.

Or, des décisions efficaces de redressement pourraient être envisagées beaucoup plus tôt. Entre autres dispositions, il est prévu de reconnaître un rôle plus étendu aux *commissaires aux comptes*. Ils seraient chargés de donner l'alerte aux différents intéressés, sans, cependant, se substituer à eux.

On a parlé d'abandonner la notion trop rigide de cessation des paiements, au profit de critères économiques pour que les procédures soient déclenchées à bon escient. Un concept a été avancé, celui de *continuité de l'entreprise* ou *going concern*. On recherche, par des examens détaillés, si l'exploitation pourra être poursuivie (v. Paillusseau, Qu'est-ce qu'une entreprise en difficulté ?, *Rev. de jurisprudence commerciale*, 1976, p. 259). Des ratios pourraient être imposés pour la réalisation de certaines opérations coûteuses.

Reste à savoir, des mesures étant décidées préventivement, comment et même par qui l'entreprise sera gérée. Doit-on les destituer, si les dirigeants refusent de s'incliner ? Question qui dépasse de loin la seule technique juridique. Quels seraient les professionnels du remplacement ? (sur ces problèmes, v. *La refonte du droit de la faillite*, Publications de l'Université de Lille III, 1978).

Actuellement, les *pouvoirs publics* ont un rôle très important. Les décisions sont prises à différents niveaux. Il existe, à l'échelon national, le CIASI, autrement dit Comité interministériel pour l'Aménagement des Structures industrielles, et des CODEFI ou Comités départementaux d'Examen des Problèmes de Financement, présidés par le trésorier-payeur général et auxquels participent les représentants des divers services intéressés. On voit se développer aides et interventions sous des formes variées (v. Perrot, Le traitement des entreprises en difficulté, in *Gaz. Pal.* des 7 et 8 février 1979).

Aux actions officielles s'ajoutent les *interventions officieuses.*

« L'univers des juristes se peuple alors de personnages nouveaux. On y voit les maires se transformer en agents d'affaires, les sous-préfets se muer en démarcheurs, les préfets jouer les saint-bernards économiques, les députés se faire les avocats des entreprises en difficulté ; les trésoriers-payeurs généraux se voient assigner le rôle d'infirmier-chef des canards boiteux... » (Champaud, in *La refonte du droit de la faillite, op. cit.*).

Lorsque la crise s'étend à un large secteur de l'économie, les solutions classiques, officielles ou officieuses, ne suffisent plus. La « sidérurgie » en est un dramatique exemple.

Un redressement d'entreprise suppose également la *confiance* de ceux qui lui sont liés, clients, fournisseurs, salariés, banquiers, administration, organismes sociaux... Il se trouve que, par définition, les procédures collectives sont rarement génératrices de confiance, c'est-à-dire, financièrement parlant, de crédit.

Il n'est pas nécessaire d'insister sur l'importance du choix des intérêts à protéger lorsqu'il s'agit d'ouvrir une procédure. Privilégier le redressement de l'entreprise oblige à demander ou à imposer des sacrifices aux créanciers. Parmi eux, il faut faire une place à part aux *salariés.* Lip, Manufrance, ces noms sont devenus des symboles diversement interprétés. Un droit au maintien de l'*emploi* se dessine. La priorité n'est pas toujours donnée au règlement du passif, mais aux chances de survie de l'entreprise. Les conflits sont parfois exacerbés par l'activité des entreprises multinationales et transnationales et leur spéculation sur les différences géographiques en matière d'emploi.

En revanche, dira-t-on, comment concilier les impératifs économiques qui peuvent motiver la suppression de certaines branches d'activité avec le maintien de l'emploi ou le reclassement des salariés ? Une évolution se dessine, celle de la *socialisation de l'insolvabilité*, la collectivité supportant les risques de défaillance des entreprises (v. Carbonnier, *Droit civil*, t. 4, p. 562, PUF, coll. « Thémis »). Là encore, le droit de la faillite ne peut être isolé des autres domaines du droit et vivre indépendamment des phénomènes sociaux.

Tout dogmatisme est à éviter. On est tenté de rechercher les solutions les plus souples, les mieux adaptées à chaque situation. C'est ainsi qu'on a pu parfois souhaiter que les procédures ne soient plus aussi strictement décrites par le législateur et qu'une grande liberté conjoncturelle s'offre aux *juges*. Le laxisme, en revanche, est porteur d'insécurité et d'arbitraire.

Il nous semble que des réformes parcellaires sont à craindre, si le droit de la faillite, et même le droit des sûretés et des voies d'exécution, n'est pas repensé dans son ensemble.

« C'est que le magistrat se trouve ici dans un domaine qui n'est ni calme, ni serein, celui des entreprises en perdition, des créances irrecouvrables, des ventes judiciaires, des licenciements et du chômage. Celui, enfin, des sanctions pécuniaires et personnelles contre les dirigeants coupables ou négligents » (Discours de M. le président Piot à l'Audience solennelle de rentrée du Tribunal de commerce de Paris, *Gaz. Pal.*, 16 et 17 février 1979).

Quelles que soient les lois, il faudra toujours régler le sort du passif du *débiteur* et de l'*entreprise*, mais aussi *juger* des hommes responsables.

Première partie : « Le débiteur et l'entreprise ».

Deuxième partie : « Les dirigeants fautifs ».

PREMIÈRE PARTIE

LE DÉBITEUR ET L'ENTREPRISE

Une ambiguïté déjà soulignée subsiste dans les procédures actuelles. Comme on a pu dire, en ne séparant pas clairement le débiteur et l'entreprise « on subordonne la viabilité à l'état d'un passif, c'est-à-dire d'un patrimoine » (Soinne, Prolégomènes sur une refonte du droit de la faillite, *Dalloz*, 1976, chr. XLIII, p. 255).

Alors que le sort de l'entreprise est en cause, le législateur, usant d'un vocabulaire traditionnel, ne parle que des obligations personnelles du débiteur. Ce qui est, par exemple, le cas à propos du concordat. Et si, dans l'ordonnance de 1967, c'est de l'entreprise dont il est question, le juriste est obligé de constater que ce n'est pas elle qui est endettée, mais un « débiteur », personne physique ou personne morale. Cette réserve doit être faite, puisqu'il arrive que, malgré la liquidation, l'exploitation soit poursuivie par un tiers acquéreur des biens du débiteur.

Mais comme il n'est pas de bonne pédagogie de n'insister au début que sur les subtilités, nous considérerons, situations les plus courantes, que de l'option de l'une ou de l'autre des procédures dépend la survie ou la disparition de l'entreprise. Quitte à préciser, le moment venu, les limites de cette affirmation.

Toutefois, cette prise de position n'est pas neutre, il n'est pas indifférent de dire que l'on cherche à protéger l'entreprise ou que l'on souhaite que les créanciers soient désintéressés. Si ces deux objectifs ne sont pas forcément exclusifs l'un de l'autre, il arrive qu'ils soient contradictoires.

En simplifiant, deux sortes de procédures sont concevables.

L'une, *préventive*, sera mise en place afin d'obtenir des créanciers un répit pour leur débiteur qui rétablira ainsi la santé de son entreprise. Cette idée inspire l'*ordonnance du 23 septembre 1967*.

L'autre procédure, *curative*, est prévue pour le cas où la catastrophe est inévitable. Le débiteur ne paye plus ses créanciers, l'entreprise est condamnée. C'est l'aboutissement de la procédure de *liquidation des biens* de la *loi du 13 juillet 1967*.

Il pourrait ainsi n'y avoir que deux procédures complémentaires, dont l'une redonnerait des forces à une entreprise affaiblie, dont l'autre mettrait fin et à la maladie et au malade.

Le droit français est plus complexe. Une autre procédure, le *règlement judiciaire*, peut être ouverte. Elle interviendra alors que le débiteur est en état de cessation de paiements, comme pour la liquidation des biens, mais sans que la situation économique et financière soit catastrophique, ce qui la rapproche de la procédure de l'ordonnance de 1967.

Or, le règlement judiciaire, malgré l'apparence, ne se présente pas exactement comme une procédure intermédiaire entre les deux premières. Dans le détail des textes, des lacunes, des hiatus apparaissent. On soulignera le plus évident. Comme l'a dit le doyen Houin (cité par M. Chevrier, De la défaillance financière à une procédure collective rénovée, *Rev. trim. de Droit commercial*, 1976, p. 643), la procédure de l'ordonnance de 1967 est « aristocratique » en ce qu'elle n'est réservée qu'à d'importantes entreprises. Elle garde un caractère d'exception.

L'extension de cette procédure à toutes les entreprises aurait pour conséquence de soumettre leurs créanciers à un moratoire qu'un intérêt général ne justifierait pas toujours. Elle poserait la question du degré d'intervention souhaité dans le fonctionnement des entreprises.

On a pu se demander s'il ne conviendrait pas, au moins, d'harmoniser les procédures par l'emploi d'un vocabulaire comparable, d'une meilleure détermination du domaine, en pratique, de chacune d'entre elles.

Il sera traité dans le premier chapitre de la procédure de l'ordonnance de 1967 appelée parfois « procédure de redressement économique et financier ». Les trois autres chapitres seront respectivement consacrés à l'ouverture, au déroulement et à la clôture des deux procédures de règlement judiciaire et de liquidation des biens, en raison de leurs nombreux points communs.

CHAPITRE PREMIER

LA PROCÉDURE DE REDRESSEMENT ÉCONOMIQUE ET FINANCIER

Les effets qu'on a voulu obtenir de cette procédure sont donc d'une évidente simplicité, en théorie. Le débiteur étant dispensé temporairement de payer la plupart de ses créanciers pourra préparer un plan de redressement de l'entreprise. Deux phases sont à distinguer, celle de la *suspension des poursuites* des créanciers et celle de la mise en place d'un *plan*.

I. — La suspension provisoire des poursuites

La décision doit être prise par un tribunal (II), dès lors que les conditions énumérées par l'ordonnance du 23 septembre 1967 et son décret d'application du 31 décembre 1967 sont réunies (I).

1. **Les conditions.** — Les restrictions apportées aux droits des créanciers sont justifiées par la prise en considération d'un intérêt supérieur aux leurs.

La suspension sera collective et s'imposera, en principe, à tous les créanciers dont les droits sont antérieurs au jugement. Aussi a-t-on limité les entreprises pouvant demander cette suspension. L'article 1 de l'ordonnance ne vise que les *commerçants* et *les personnes morales de droit privé*. Par exemple, entrent dans cette définition les sociétés commerciales ou civiles.

En outre, il faut que la disparition de l'entreprise soit de nature à causer un *trouble grave* à l'économie *nationale* ou *régionale*.

Prédiction hasardeuse, si l'on songe que l'imprécision tient, tout à la fois, à la notion de trouble grave, à celle d'économie régionale ou nationale et à celle de situation de l'entreprise. Cette appréciation très subjective sera influencée par les marchés en cause, le rôle de l'entreprise dans le secteur géographique ou économique considéré, le nombre de salariés menacés de chômage.

L'entreprise doit être dans une *situation financière difficile, mais non irrémédiablement compromise*. Si le débiteur était en état de cessation des paiements, c'est une procédure de règlement judiciaire ou de liquidation des biens qui s'ouvrirait. Aussi faut-il que l'entreprise puisse être sauvée avant que le débiteur soit en état de cessation des paiements.

Le sacrifice qui va être demandé aux créanciers ne doit se révéler ni inutile, ni trop lourd. S'ils auront à manifester ou à subir une certaine solidarité avec leur débiteur, ce n'est pas de l'abnégation qui leur est demandée. La disparition de l'entreprise ne doit pouvoir être évitée que *dans des conditions compatibles avec l'intérêt des créanciers*. Il serait peu réaliste de mettre tous les créanciers ou même certains d'entre eux dans de graves difficultés pour sauver une entreprise chancelante.

2. La procédure et le jugement. — Tous les tribunaux ne sont pas compétents pour connaître de ces procédures. Ils sont au nombre de dix : ceux de Bordeaux, Lille, Limoges, Lyon, Marseille,

Nancy, Paris, Rennes, Strasbourg et Toulouse.

On a pensé que l'appréciation de l'intérêt régional ou national s'en trouverait facilitée et que les juges se spécialiseraient.

Compétence est donnée au tribunal de commerce, si le débiteur est commerçant ; dans le cas contraire, au tribunal de grande instance. Encore faut-il que le débiteur ait son principal établissement ou, s'il s'agit d'une personne morale, son siège dans le ressort de ce tribunal.

L'initiative de la saisine peut provenir du débiteur qui adressera une *requête* au président du tribunal, dans laquelle il exposera sa situation et les perspectives de redressement.

Les créanciers ont le droit de saisir le tribunal par une *assignation* du débiteur.

Le ou les créanciers, s'ils se groupent, doivent représenter au moins 15 % des créances. On comprend qu'on ait voulu écarter les petits créanciers puisqu'il s'agit de tout autre chose que d'une assignation en paiement, mais comment déterminer ces 15 % alors qu'au moment de l'assignation la consistance exacte du passif n'est pas connue ?

Cette exigence est d'ailleurs peu significative, le tribunal ayant la faculté de se saisir d'*office*.

Le tribunal pourra prendre trois sortes de décisions. S'il constate que le débiteur a cessé ses paiements, il se trouvera dans l'obligation de prononcer un règlement judiciaire ou une liquidation des biens. En l'absence de cessation des paiements, si les conditions imposées par l'ordonnance de 1967 ne sont pas réunies, le tribunal rejettera la demande et renverra le débiteur à ses difficultés. Celui-ci devra tenter de les résoudre sans le secours de la suspension des poursuites. Il n'est cependant pas privé de la possibilité de demander des délais de paiement, selon le droit commun.

Si la demande est fondée, le tribunal prononcera la *suspension des poursuites*. Elle ne saurait excéder *trois mois*, sauf décision de la prolonger exceptionnellement d'un mois. Ceux dont la créance est née antérieurement au jugement ne doivent plus être payés par le débiteur. Y échappent les créances de *salaire*, en raison des répercussions qui pourraient être dramatiques pour les salariés.

Pour que les tiers soient informés, le jugement est *publié* par les soins du greffier.

Ne devraient donc pas subir les effets de cette procédure ceux dont les *créances* sont nées *postérieurement* au jugement. Des précisions sont nécessaires.

En principe les créanciers ultérieurs ne sont pas soumis à la suspension des poursuites. En disposer autrement aurait empêché ou freiné la continuation de l'exploitation. Les fournisseurs, par exemple, se seraient abstenus de traiter avec le débiteur.

Seulement, il est important de savoir que le débiteur n'est plus libre. On a craint qu'il perde de vue l'objet de la procédure ou qu'il avantage certains de ses créanciers. Aussi ne peut-il accomplir, sans autorisation, que des actes de disposition conformes à *l'exploitation normale de l'entreprise*. Les actes irrégulièrement accomplis seraient *annulés*. En outre, des sanctions pénales pourraient être prononcées tant contre le débiteur fautif que contre ses cocontractants de mauvaise foi. Les paiements prohibés, les actes de disposition interdits font peser sur leur auteur la menace d'un emprisonnement et d'une amende.

Le débiteur n'est d'ailleurs pas livré à lui-même ; le tribunal aura désigné un juge, le *juge-commissaire*, dont la mission sera de suivre et de faciliter le déroulement des opérations. Ce magistrat pourrait autoriser la passation des actes normalement interdits au débiteur. Un ou plusieurs *curateurs* aux biens sont nommés par le tribunal qui détermine leur rôle. Ils peuvent être chargés, ensemble ou séparément, soit de surveiller seulement les opérations financières et commerciales, soit d'assister le débiteur, soit, enfin, d'assurer provisoirement l'administration.

Les curateurs ne sont pas obligatoirement choisis parmi les syndics, les administrateurs judiciaires et les liquidateurs de sociétés. Il peut s'agir, par exemple, de personnalités du monde des affaires.

Cette procédure débouche normalement sur un plan de sauvetage.

II. — Le plan

Si un *plan de redressement économique et financier*, *assorti d'un plan d'apurement collectif du passif*, n'était pas déposé, ou n'était pas admis, le tribunal prononcerait la clôture de la procédure. C'est que deux risques doivent être écartés. Le présent a été figé par la suspension des poursuites pour que le *passé* soit apuré et l'*avenir* assuré. Le plan qui sera présenté par le débiteur ou par le curateur envisagera ces deux objectifs.

Le plan ne doit pas s'étendre sur plus de *trois ans*. Des *délais de paiement* pourront être demandés pour apurer le passif. Si le plan est admis, ils s'imposeront même aux créanciers titulaires de sûretés, dont les droits seront suspendus, mais non pas éteints. En l'absence de décisions individuelles spécialement motivées du tribunal, les salariés ne peuvent se voir opposer aucun délai. Des remises partielles ou totales de dettes pourront être sollicitées.

Les chances de réussite du plan dépendront beaucoup de concours extérieurs, bancaires par exemple, de l'intervention de nouveaux partenaires, de restructurations de l'entreprise.

Le plan n'est pas applicable de plein droit, du seul fait de son dépôt et de l'engagement de l'exécuter pris par le débiteur. Il ne s'imposera que s'il est admis par le *tribunal*, qui a le devoir de le rejeter s'il ne lui paraît pas sérieux ou s'il estime qu'il n'offre pas de garanties suffisantes d'exécution.

Les juges peuvent le subordonner au remplacement des dirigeants auxquels sont imputables les difficultés financières de l'entreprise. Ce pouvoir est une illustration de la distinction entre l'homme et l'entreprise.

Le tribunal doit vérifier que le débiteur n'impose pas à ses créanciers des sacrifices exagérés. Mais il n'est *pas voté par les créanciers*. Toutefois, un créancier ou un groupe de créanciers représentant au moins 15 % du montant des créances peuvent intervenir à l'instance après déclaration au greffe.

Le plan une fois admis, le débiteur ne disposera pas pour l'exécuter d'une totale liberté de manœuvre. Il est lié d'abord par les dispositions de l'ordonnance de 1967, ensuite il doit respecter le jugement et, enfin, il s'est engagé à exécuter les dispositions du plan. Il pourrait, par exemple, être pénalement sanctionné pour avoir fait un acte de disposition étranger à l'exploitation normale de l'entreprise ou un paiement irrégulier, en violation du plan. La sanction pourrait atteindre son cocontractant de mauvaise foi.

Le jugement par lequel le tribunal accepte le plan est *opposable* à tous les créanciers dont les créances sont antérieures au jugement prononçant la suspension provisoire des poursuites.

Un *commissaire à l'exécution du plan* est désigné par le tribunal et doit lui signaler tout manquement.

A la demande du débiteur, le tribunal a le pouvoir de décider de la modification du plan afin d'en abréger ou d'en favoriser l'exécution. Il n'a cependant pas le droit de prolonger les délais de paiement.

Le plan serait *résolu* par le tribunal dans le cas où le débiteur ne respecterait pas ses engagements. Et si les échéances prévues n'avaient pas été tenues, le tribunal mettrait le débiteur en règlement judiciaire ou en liquidation des biens.

Dans cette hypothèse, aucune disposition n'accorde un rang préférentiel à ceux dont les créances sont nées postérieurement au jugement de suspension des poursuites, par rapport à ceux dont les créances sont antérieures. Il n'y a pas d'analogie entre les créanciers de la curatelle et les créanciers de la masse, bien que cette procédure ne soit alors qu'une transition.

Chapitre II

L'OUVERTURE DES PROCÉDURES DE RÈGLEMENT JUDICIAIRE OU DE LIQUIDATION DES BIENS

Lorsque les difficultés d'une entreprise sont telles qu'un débiteur ne peut plus payer ses créanciers, il devient urgent d'intervenir pour qu'elle ne précipite pas tout le monde dans sa chute.

La multiplicité des liens qui ont pu se nouer entre le débiteur et ses salariés, ses fournisseurs, ses clients, son banquier conduit à écarter les actions individuelles, anarchiques ou précipitées.

Un compromis doit s'instaurer entre ces intérêts contradictoires.

En raison de leurs effets, les procédures de règlement judiciaire ou de liquidation des biens ne sont mises en œuvre que pour certains débiteurs (A) et sur décision judiciaire (B).

I. — Le débiteur

Pour savoir si les conditions d'ouverture sont réunies, la loi de 1967 n'a pas pris en considération l'entreprise, dont la survie est en cause, mais le débiteur. Aux termes de l'article 1 de la loi du 13 juillet 1967 : « Tout commerçant, toute personne morale de droit privé, même non commerçante, qui cesse ses paiements doit, dans les quinze jours, en faire la déclaration en vue de l'ouverture d'une procédure de règlement judiciaire ou de liquidation des biens. »

Deux conditions doivent être précisées, celle tenant aux personnes (I), celle tenant à la cessation des paiements.

1. **Les personnes.** — Avant la réforme de 1967, seuls les commerçants pouvaient être mis en faillite. Un double facteur d'évolution a été constaté. D'une part, les personnes morales se sont multipliées.

D'autre part, les procédures de concours ont perdu la plupart de leurs sanctions et présentent même des avantages, sinon des attraits, pour ceux qui y sont soumis. Avec un concordat, un débiteur ne réussit-il pas quelquefois à ne payer qu'une partie de ses dettes ? Les principaux obstacles à une généralisation de ces procédures se trouvent désormais écartés. Toutefois, une distinction subsiste entre les personnes morales et les personnes physiques.

A) *Les personnes morales.* — Le texte vise les personnes morales de droit privé, qu'elles soient ou non commerçantes. Il s'applique donc tout aussi bien aux sociétés qu'aux associations, quel que soit leur objet.

En cas de confusion de patrimoines entre celui de la personne morale et le véritable maître de l'affaire une procédure unique pourrait être engagée contre celui-ci.

Y échappent les personnes morales de droit public et en premier lieu, bien sûr, l'Etat !

Il est à signaler que dans les sociétés ou groupements qui ont un objet économique et poursuivent en droit ou en fait un but lucratif, les membres qui sont solidairement et indéfiniment responsables des dettes pourront être mis personnellement en règlement judiciaire ou en liquidation des biens. Le tribunal apprécie pour chaque membre, individuellement, la mesure la mieux adaptée, quelle que soit la procédure ouverte pour la personne morale.

Mais, à l'inverse, la mise en règlement judiciaire ou en liquidation des biens des associés n'entraîne pas celle de la société.

B) *Les commerçants personnes physiques.* — Si l'on excepte quelques situations originales précédemment évoquées, seules les personnes physiques qui sont commerçantes en sont menacées. Ce qui ne sera pas le cas des exploitants d'entreprises individuelles non commerciales ; par exemple, libérales, agricoles ou artisanales. *A fortiori*, n'y seront pas soumis ceux qui ne sont que salariés.

On notera que dans les départements du Haut-Rhin, du Bas-Rhin et de la Moselle, la liquidation des biens et le règlement judiciaire peuvent être déclarés pour des non-commerçants, à l'exclusion des déchéances et interdictions résultant de la faillite personnelle (v. art. 162 de la loi de 1967).

Or, certaines exclusions se justifient moins de nos jours et pourraient se retourner contre ceux que l'on cherche à protéger. Un règlement judiciaire qui faciliterait le renflouement d'une entreprise civile n'est pas inconcevable. On a pu se demander si, désormais, ce ne serait pas l'existence d'une entreprise qui devrait servir de critère.

Il existe, en droit civil, la *déconfiture*. Ce n'est pas une procédure simplifiée de liquidation des biens et ses effets ne sont pas collectifs. Les poursuites individuelles des créanciers ne sont pas suspendues.

Mais dans ce domaine, comme dans beaucoup d'autres, on peut d'abord regretter que, par manque d'informations et de connaissances juridiques, les victimes ne profitent pas des droits qui leur sont pourtant offerts. Avant de voter de nouvelles lois, il ne serait pas superflu de faire bien connaître celles qui existent.

Ainsi, lorsqu'on parle de commerçants personnes physiques, des précisions sont indispensables. Il ne s'agit pas uniquement de ceux qui sont immatriculés au registre du commerce et des sociétés. On retient la réalité du comportement, plus que l'apparence d'une publicité. Une personne immatriculée à tort pourra se prévaloir de son erreur et démontrer qu'elle n'est pas commerçante pour fuir le règlement judiciaire ou la liquidation des biens. Un commerçant qui n'aurait pas été immatriculé pourra être mis en règlement judiciaire ou en liquidation des biens.

Le droit déjoue les habiletés de certains débiteurs. Seront, par exemple, poursuivis les commerçants qui exerceraient une activité sous le couvert d'une personne morale de façade. Il en ira de même pour un tiers ou pour le conjoint qui s'immiscerait dans l'activité du débiteur. Ils n'éviteraient, ni les uns ni les autres, le règlement ou la liquidation.

La *mort*, elle-même, n'est pas toujours un obstacle à l'ouverture de l'une de ces procédures. Une procédure pourra encore être engagée dans le délai d'un an à compter du décès.

Moins dramatique, la *cessation d'activité* n'empêche pas non plus l'ouverture d'une procédure si les conditions ont été réunies. Le tribunal pourra être saisi dans l'année qui suit la radiation du débiteur du registre du commerce. Il n'y aurait même plus de délai évidemment si le débiteur poursuivait encore clandestinement son activité.

En revanche, en seront à l'abri les *incapables*, au sens juridique du terme (v. D. Denis, *Le droit des incapacités*, « Que sais-je ? »). Le *mineur*, le *majeur protégé* ne prenant pas la qualité de commerçant ne seront pas mis en règlement judiciaire ou en liquidation des biens. Il importe alors peu sur le plan du droit commercial qu'ils soient en état de cessation des paiements.

2. **La cessation des paiements.** — La cessation des paiements, condition nécessaire du règlement judiciaire ou de la liquidation des biens, n'est pas une notion qui a été définie par le législateur. Il revenait à la *jurisprudence* d'en préciser le contenu. Ce n'est pas la situation de l'entreprise qui est déterminante, mais le fait que le débiteur qui l'exploite ne paye pas ses dettes. La cessation des paiements résulte du non-paiement par le débiteur d'une dette certaine, liquide et exigible. Il suffit qu'une seule dette, de nature civile ou commerciale, due à un unique créancier ne soit pas réglée pour qu'il y ait cessation des paiements. Alors que dans certaines législations, anglaise par exemple, tant qu'un certain montant n'est pas atteint les poursuites restent individuelles.

Pour éviter que le débiteur ne fasse qu'aggraver son passif pour répondre à ses créanciers les plus pressants en obtenant des facilités anormales de paiement, les tribunaux assimilent au non-paiement l'*emploi de moyens ruineux ou frauduleux*, tels que des chèques sans provision, des traites de cavalerie, des emprunts à des taux usuraires...

Cependant, la Cour de cassation a souvent estimé qu'il n'y aurait d'état de cessation des paiements que si le débiteur se trouve en plus dans *une situation désespérée qui le place dans l'impossibilité de faire face à son passif*. D'autres fois, elle ne fait qu'exiger que le débiteur soit dans l'impossibilité de faire face au passif exigible avec l'actif disponible.

La cessation des paiements est assimilée, dans certains pays, à l'insolvabilité. Ce qui n'est pas exact en France. Il n'est pas nécessaire que le passif soit supérieur à l'actif. Il suffit que l'actif ne soit pas rapidement mobilisable pour que le débiteur soit en état de cessation des paiements. Des retards dans les échéances peuvent mettre en difficulté les créanciers qui ont leurs propres dettes à payer. Il y a quelquefois des cascades de liquidations des biens. Le tribunal hésitera, cependant, si le mauvais payeur est solvable, n'étant pas toujours sûr que la procédure accélère les règlements ! D'ailleurs, très souvent, il y a insolvabilité et cessation des paiements, lorsque le tribunal est saisi.

Lorsque le tribunal aura constaté la cessation des paiements du débiteur, la *date* de celle-ci sera fixée, à défaut de précision contraire, au jour du jugement. Mais elle pourrait être établie à une date antérieure.

C'est habituellement en cours de procédure, après une meilleure information, qu'on s'aperçoit qu'elle est plus ancienne. Le tribunal a donc le pouvoir d'en faire varier la date.

Cette notion de cessation des paiements est-elle encore adaptée depuis la réforme de l'esprit, sinon des textes, des procédures de règlement judiciaire et de liquidation des biens ? L'aggravation de la situation de nombreuses entreprises permet d'en douter. Trop rigide, elle conduit les tribunaux à intervenir tardivement. Elle escamote les préoccupations économiques et oblige parfois à attendre une issue qui ne fait de doute pour personne, sinon pour les dirigeants. Pour faciliter le sauvetage des entreprises, le Comité présidé par M. Sudreau a proposé, dans son rapport, la prise en considération de *clignotants*. En seraient des exemples les protêts, les inscriptions de privilèges, les reports renouvelés d'échéance, des ratios caractéristiques... traduisant une impossibilité de continuer sainement l'exploitation. La notion perdrait quelque peu de sa précision, mais des mesures utiles pourraient être prises plus tôt. Evidemment, toute initiative dans ce domaine doit être prudente, en raison des effets qu'ont de telles procédures. Une intervention tardive peut être catastrophique tout comme une précipitation irréfléchie.

Sans trop de bouleversements, toutefois, les conditions d'ouverture du règlement judiciaire pourraient être rapprochées de celles de la procédure de suspension des poursuites. Ne devrait-on pas envisager, dans les faits, une « résurrection » du règlement judiciaire ? Les pessimistes diront que toute difficulté ne disparaîtra pas comme par enchantement et qu'il faudra bien encore dégager des moyens financiers pour sauver l'entreprise. Si le débiteur n'a pu les obtenir alors qu'il était dans une situation sereine, par quel miracle les obtiendra-t-il ensuite ?

II. — L'intervention judiciaire

Le débiteur ne se retrouve pas, du seul fait qu'il est en état de cessation des paiements, en règlement judiciaire ou en liquidation des biens. Il faut que l'une de ces procédures soit ouverte par un jugement. La loi du 13 juillet 1967 et le décret d'application du 22 décembre 1967 ont prévu comment devrait être saisi le tribunal (I), quels critères permettraient d'opter entre le règlement judiciaire et la liquidation des biens (II), les particularités des organes de la procédure (III).

1. **La saisine du tribunal.** — Selon que le débiteur est commerçant ou non-commerçant, le tribunal compétent sera le *tribunal de commerce* ou le *tribunal de grande instance*. Plutôt que de créer un tribunal spécialisé dans les affaires de « faillite », le législateur a préféré conserver la dualité traditionnelle de notre organisation judiciaire.

A la différence de ce qui a été prévu à propos de la procédure de redressement économique et financier des entreprises (ordonnance de 1967), de telles affaires ne sont pas réservées à certaines seulement de ces juridictions.

Mais, pour faciliter le déroulement des procédures et éviter des contradictions de décisions, un seul tribunal pourra connaître des développements de l'affaire et a donc une *compétence exclusive.* C'est celui dans le ressort duquel le débiteur a son principal établissement ou son siège, s'il s'agit d'une personne morale. Un débiteur ne peut donc pas faire l'objet de procédures multiples de règlement ou de liquidation devant d'autres juridictions. Il en irait différemment si le débiteur ayant des établissements à l'*étranger* se trouvait soumis à une procédure comparable dans un autre pays.

En droit interne, afin de répondre au souci d'unité de la procédure, les litiges accessoires seront de la compétence de la juridiction qui connaît de la procédure principale. Les procès sont centralisés. Mais il n'est pas toujours facile de déterminer avec précision quelles sont les limites de cette compétence.

Ce tribunal, pour prononcer l'ouverture du règlement judiciaire ou de la liquidation des biens, peut être saisi de trois façons différentes :

A) *Le débiteur.* — Théoriquement, le débiteur consciencieux, dans les *quinze jours* qui suivent la cessation de ses paiements, doit en faire la déclaration au greffe du tribunal. Il remet, pour en justifier, des documents comptables, parmi lesquels se trouve le bilan, d'où l'expression « déposer son bilan ». Le dépôt de bilan est obligatoire si les conditions tenant à la qualité du débiteur et à la cessation des paiements sont remplies.

A ne pas s'y résoudre, le débiteur encourrait des sanctions facultatives telles que la *faillite personnelle* et la *banqueroute.* On espère ainsi, par la menace, inciter le débiteur à agir rapidement.

B) *Un créancier.* — L'initiative peut venir aussi d'un ou plusieurs créanciers. Il leur faut prouver que leur débiteur est en état de cessation des paiements. Souvent, l'assignation est motivée par une demande de condamnation à payer une dette qui est par elle-même révélatrice de la cessation des paiements. Mais le créancier dont la créance ne serait pas encore exigible serait fondé à invoquer le non-paiement d'autres créances que les siennes, mettant ainsi en péril ses droits. Le créancier doit préciser la nature et le montant de sa créance et doit indiquer quel est le titre sur lequel elle se fonde.

Lorsque le débiteur est en état de cessation des paiements, le créancier ne peut pas être condamné pour procédure abusive. Ce ne serait plus le cas si, les conditions n'étant pas remplies, le créancier avait eu l'intention de nuire ou avait agi par légèreté blâmable. Un exemple en est donné par le créancier qui accompagne une demande qu'il sait pertinemment mal fondée d'une publicité vexatoire.

Il est vrai que, dans la majorité des cas, les créanciers songent surtout à être payés avant que leur débiteur ne dépose son bilan et craignent de se trouver paralysés par la suspension des paiements qui accompagne les procédures collectives.

C) *La saisine d'office.* — Puisque l'intérêt général est menacé par le comportement du débiteur, le tribunal a la faculté de se saisir d'office. C'est qu'il faut éviter que de nouveaux cocontractants traitent avec un individu ou une personne morale qui est déjà dans l'impossibilité de faire face à son passif existant. Et il est à craindre que le débiteur ne dissipe ou ne détourne les biens qui lui restent.

Mais si les juges prennent une telle initiative, ils doivent respecter les droits de la défense. Pour cette raison, le débiteur sera, préalablement, invité à présenter ses observations.

Enfin, quel que soit le mode de saisine du tribunal, tout plaideur pourra se présenter seul à l'audience. Généralement, la complexité de la procédure rend nécessaire l'intervention d'un spécialiste, qui doit être obligatoirement un avocat si c'est le tribunal de grande instance qui est compétent.

2. **L'option entre le règlement judiciaire et la liquidation des biens.** — Après enquête, le tribunal, dans son jugement, doit opter entre le règlement judiciaire et la liquidation des biens. Le critère est financier. Il suppose que soit recherché si le débiteur est en mesure de proposer un *concordat sérieux*.

Dans l'affirmative, le règlement judiciaire sera prononcé. Dans la négative, c'est une liquidation des biens qui s'ouvrira.

Le concordat est donc l'élément déterminant. On rappellera que c'est un accord passé par le débiteur avec la majorité de ses créanciers. Mais, au moment où le tribunal va devoir choisir, il n'y aura pas encore, ni concordat, ni même de propositions concordataires. Il faut que les juges apprécient quelles sont les chances que le débiteur peut avoir de présenter un concordat sérieux et non pas le concordat lui-même. Aussi s'appuient-ils sur la situation patrimoniale du débiteur et les chances de redressement de l'entreprise avant de se prononcer. Le débiteur aura ultérieurement à concrétiser ces virtualités.

La décision de prononcer la liquidation des biens est irrévocable. C'est que le concordat a été jugé impossible. Alors qu'un règlement judiciaire pourra être *converti* en liquidations des biens, lorsque les chances d'un concordat s'évanouiront. Aussi les tribunaux ont-ils tendance à prononcer d'abord un règlement judiciaire, à moins qu'aucun doute ne subsiste sur la situation catastrophique du débiteur. En cas d'ouverture immédiate d'une liquidation des biens, le débiteur qui veut préserver ses chances doit faire appel du jugement pour essayer d'obtenir la réformation de la décision.

Toutefois, l'exercice d'une voie de recours ne suspend pas l'exécution de la décision, qui est exécutoire à la *première heure* du jour où elle est rendue.

Le jugement est opposable à tous et pas seulement aux parties au procès. Il fait donc l'objet d'une publicité qui est minutieusement réglementée (lire les articles 12 et suivants du décret du 22 décembre 1967). La décision est, notamment, insérée par extrait dans un journal d'annonces légales du lieu où siège le tribunal. Il était indispensable de prévenir le public à cause du changement apporté à la situation du débiteur, mais les plus efficaces des mesures restent peut-être encore ces bruits qui vont circuler dans les milieux d'affaires, de bouche à oreille.

3. **Les organes de la procédure.** — Tout d'abord, le *ministère public* est informé régulièrement et avec précision des opérations et les surveille. Mais certains organes ont un rôle original.

A) *Le syndic.* — Le tribunal désigne un à trois syndics, pris non pas parmi les créanciers, comme au XIXe siècle, car, si on en croit Balzac, ils se montraient d'une indulgence coupable envers le débiteur ou défendaient, non sans arrières-pensées, les intérêts des créanciers les plus influents. Ces excès ont été supprimés grâce à l'intervention de professionnels dont l'activité est strictement réglementée. Aucun parent ou allié du débiteur jusqu'au quatrième degré ne peut être nommé syndic.

La mission des syndics est *triple* :

— ils ont tout d'abord des fonctions techniques, comme celle par exemple de la vérification des créances ;
— ensuite, ils assistent le débiteur ou le représentent, selon qu'il est en règlement judiciaire ou en liquidation des biens ;
— enfin, ils agissent au nom de l'ensemble des créanciers, regroupés au sein d'une personne morale qui est appelée « masse des créanciers ».

Ce rôle joué, à la fois dans l'intérêt du débiteur et de ses créanciers, pourrait surprendre par les contradictions qu'il recèle. Mais il ne faut pas oublier que les uns et les autres ont le même intérêt supérieur à ce que la procédure se déroule bien. Le syndic en sera la cheville ouvrière.

Le syndic est rémunéré. Ses honoraires sont déterminés par le président du tribunal, sur la base d'un tarif officiel et sur proposition du juge-commissaire.

Mandataire professionnel, sa responsabilité pourra être mise en cause, sur le plan civil, professionnel et pénal.

On notera que si plusieurs syndics ont été nommés, ils agissent collectivement, à moins que le juge-commissaire ait donné, à l'un ou à plusieurs d'entre eux, le pouvoir d'agir individuellement.

B) *Le juge-commissaire*. — Il se présente comme une émanation du tribunal par lequel il est nommé et dont il est membre.

Il a pour mission générale de *surveiller* et de *faciliter* le déroulement de la procédure. Il prend aussi des décisions. C'est ainsi qu'il surveille les activités du syndic, autorise certains de ses actes et a de larges pouvoirs d'investigation. Le bon déroulement de la procédure suppose une véritable collaboration entre eux.

Les décisions les plus graves sont de la compétence du tribunal. Le juge commissaire présentera un rapport sur toutes les contestations qui viendront à l'audience. En l'absence de ce rapport, le jugement serait nul. Le rapport peut être écrit ou oral. La participation du juge-commissaire au jugement est licite, en principe, mais elle n'est pas obligatoire.

En sa qualité de juge, le juge-commissaire n'est pas soumis, dans l'exercice de ses fonctions, aux règles de la responsabilité civile de droit commun.

C) *Le greffier.* — Le rôle du greffier du tribunal est aussi à souligner. En plus de ses fonctions habituelles, il est chargé de formalités nombreuses, de communications au débiteur, aux créanciers et au procureur de la République. Il tient un registre des opérations...

D) *Le contrôleur.* — Enfin, le juge-commissaire a la faculté de nommer un ou deux contrôleurs, pris parmi les créanciers, s'ils ne sont pas parents ou alliés du débiteur. Ils participent à la surveillance des opérations. Le syndic sera amené à leur demander, à titre consultatif, leur avis. Ils vérifient la comptabilité et l'état de situation présenté par le débiteur. Ils ont le droit d'obtenir des renseignements sur le déroulement de la procédure ainsi que sur les recettes et les versements faits.

Tous *les créanciers*, en outre, doivent être informés et peuvent consulter le registre tenu par le greffier. Le syndic dressera chaque année un rapport sur l'état de la liquidation des biens. Il est déposé au greffe et, sauf dispense du juge-commissaire, doit être notifié, sous forme de copie, à tous les créanciers.

Chapitre III

LE DÉROULEMENT DES PROCÉDURES DE RÈGLEMENT JUDICIAIRE ET DE LIQUIDATION DES BIENS

La clôture de l'une ou de l'autre de ces procédures n'est pas sans nécessiter une préparation. Période intermédiaire qui est souvent longue de plusieurs mois et qui permettra d'apurer la situation du débiteur, de rechercher les moyens de dénouer la crise. Pour cela, il faut déterminer avec précision l'importance du passif en connaissant les créanciers (I), sans que les biens du débiteur soient laissés à l'abandon ou l'entreprise ignorée (II).

I. — Les créanciers

Il convient de vérifier l'existence et la consistance de leurs droits avant de dresser un état des créances (1). Comme ils ont des intérêts communs, ils sont regroupés en une masse (2). Cette personne morale a le pouvoir de faire écarter de la procédure les créanciers qui se seraient soustraits à l'égalité (3). Toutefois, la prise en considération d'intérêts supérieurs a permis à certains créanciers d'obtenir des droits privilégiés (4).

1. **Le passif.** — Les créanciers vont se faire connaître du syndic, point de départ des trois étapes qui sont prévues pour la constatation du passif.

A) *La production.* — Avec la loi du 13 juillet 1967 apparaît une obligation générale. Pour qu'on puisse avoir une idée précise du passif, *tous les créanciers* doivent produire entre les mains du syndic. Autrement dit, ils doivent informer le syndic de leur existence. C'est indispensable s'ils veulent que leurs créances de sommes d'argent soient prises en considération et souhaitent bénéficier de distributions de dividendes ou de répartitions.

La simple connaissance que pourrait avoir le syndic d'une créance est insuffisante.

Le créancier demandera à être inscrit sur l'état des créances, qui est la liste officielle des créanciers. Si sa déclaration n'est soumise à aucune forme impérative, un minimum d'indications est indispensable.

Le créancier remet au syndic les *pièces justificatives* de sa créance, accompagnées d'un bordereau récapitulatif. Ce dossier peut également être adressé au syndic par lettre recommandée. Lorsque les opérations seront terminées, le créancier en obtiendra la restitution.

Ce qu'il faut, c'est que l'intention du créancier soit exprimée de manière expresse.

Afin que la procédure ne soit pas retardée par la négligence des créanciers, un délai leur est imposé pour produire. Il est de *quinze jours.*

Il court à compter de la publicité qui a été faite du jugement au *Bulletin officiel des annonces civiles et commerciales.* Pour les créanciers domiciliés hors de France métropolitaine, un délai supplémentaire de quinze jours leur est accordé.

Les négligents et les retardataires sont sévèrement traités. La publicité et les informations données aux créanciers par le syndic n'équivalent pas à une production tacite. Le syndic n'a pas, non plus, à produire à la place d'un créancier. A défaut de production dans les délais, sa créance ne sera pas opposable par le créancier retardataire. Il ne recevra pas sa fraction des sommes qui seront réparties entre les autres créanciers en cours de procédure.

Toutefois, ce créancier, malgré l'écoulement du délai, a la possibilité de demander au tribunal de le *relever* de cette *forclusion*. Il lui appartient d'établir que le retard n'est pas dû à son fait. Tel ne serait pas le cas s'il ne pouvait s'en prendre qu'à lui-même. Ainsi, un créancier ne saurait invoquer l'erreur qu'il a commise dans l'établissement de ses comptes et prétendre en avoir déduit que sa créance était éteinte. En revanche, il pourrait saisir le prétexte que les avis qui lui avaient été adressés ou qui avaient été publiés étaient erronés, ce qui a été déterminant de son retard. Mais le syndic pourra chercher à démontrer que le créancier a eu connaissance du jugement et de la nécessité de produire. Il convient d'insister sur le fait que les juges du fond ont, sur la décision du relevé de forclusion, un *pouvoir souverain* d'appréciation. Malgré un relevé de forclusion, le créancier risque de n'avoir que des droits réduits. C'est que, lorsque des dividendes ont déjà été distribués, cette répartition échappe au créancier retardataire, qui a perdu tout droit sur les distributions antérieures à son relevé de forclusion. Il ne participera qu'à celles qui auront lieu ultérieurement. Enfin, si le débiteur est en état de *règlement judiciaire*, le législateur a décidé que les créances seraient éteintes à défaut de production avant la dernière échéance accordée au débiteur par le concordat. Il n'en irait autrement que si le débiteur s'était engagé à payer l'intégralité de ses dettes, par une clause dite de retour à meilleure fortune.

B) *La vérification.* — Cette opération est de bon sens. Sans cette précaution, n'importe qui pourrait se prétendre créancier, soit par malhonnêteté, soit par erreur. La vérification a donc pour but de faciliter la découverte des fraudes et de réparer les erreurs.

Elle est effectuée par le syndic, en présence du débiteur ou, du moins, après qu'il ait été convoqué. Les contrôleurs y assistent. On espère, ainsi, obtenir une large information sur la consistance réelle du passif.

La lettre des textes suppose que la vérification doit être faite dans les trois mois du jugement qui a prononcé le règlement judiciaire ou la liquidation des biens. En pratique, il n'est que très rarement possible de respecter ce bref délai. Il peut même atteindre plusieurs années, si la situation est d'une grande complexité. Aucune sanction particulière n'a été expressément prévue pour ce seul dépassement. Mais il en irait autrement si des fautes étaient constatées de la part des organes de la procédure.

Pour terminer les opérations, le syndic dresse un état des créances. N'y seront pas inscrites les créances qu'il estime contestables. Les raisons en sont multiples. Aussi ne s'agit-il pas des seules créances fictives ou douteuses. Certaines créances sont parfois inopposables aux autres créanciers.

Les créanciers exclus ou dont les droits sont réduits recevront un avis du syndic par pli recommandé. Ils ont huit jours pour fournir des explications écrites ou verbales au juge-commissaire. Celui-ci doit arrêter l'état des créances.

C) *L'arrêté des créances.* — Bien que la préparation de la liste des créanciers soit faite par le syndic, la décision est prise par le juge-commissaire après vérification. Un recours est alors possible devant le tribunal.

Le juge-commissaire, selon le cas, admettra, rejettera une créance ou en réduira les effets. Il se peut qu'il ne soit pas du même avis que le syndic et n'est pas lié par son opinion. Si le juge-commissaire conserve des doutes sur une créance, il procédera à son admission provisoire.

Une fois arrêté, l'état des créances est déposé au greffe du tribunal. Les personnes intéressées en sont informées. Une insertion est faite dans un ou plusieurs journaux d'annonces légales et au *Bulletin officiel des Annonces civiles et commerciales*. Les créanciers dont la créance est rejetée, même partiellement, sont informés par une lettre recommandée que leur adresse le greffier. Les créanciers admis ne reçoivent qu'une lettre simple. Et encore, le juge-commissaire peut-il en donner dispense.

Tout intéressé a le droit de consulter cet état des créances au greffe du tribunal.

Les créanciers portés au bilan ou dont la créance a été produite qui ne seraient pas d'accord avec la décision du juge-commissaire peuvent formuler des *réclamations* au greffe du tribunal. Ils ont un délai de *quinze jours*, à compter de l'insertion du *Bulletin officiel des Annonces civiles et commerciales*. Ce droit est reconnu au débiteur, puisqu'il s'agit de son passif personnel.

A l'expiration du délai de quinze jours, le juge-commissaire arrête l'état des créances, sous réserve des réclamations.

La forme de ces réclamations est simplifiée. Elle se concrétise par une mention portée sur l'état des créances. La demande en est faite soit en personne, soit par l'intermédiaire d'un mandataire.

A défaut d'accord sur la réclamation, c'est le tribunal qui devra trancher le conflit, s'il est de sa compétence.

Le tribunal se prononcera à bref délai. Dans la procédure

de liquidation des biens, il statue sur les réclamations lors d'une prochaine audience. Mais, dans la procédure de règlement judiciaire, la loi oblige à attendre que l'assemblée des créanciers qui votera sur le concordat ait été réunie. On évite ainsi de retarder une décision dont dépend le sort de l'entreprise. En revanche, il en résulte que l'information donnée à l'assemblée sur la réalité du passif est imparfaite.

Lorsqu'une créance est définitivement admise, elle l'est, en principe, *irrévocablement*. Toutefois, si elle reposait sur la fraude d'un créancier ou si une erreur matérielle avait été commise — faute de frappe, calcul arithmétiquement inexact —, elle pourrait être remise en cause. On considère, désormais, que la décision d'admission ou de rejet a l'*autorité de la chose jugée*. En conséquence, si une créance est rejetée, elle sera sans effets, aussi bien à l'égard des autres créanciers que du débiteur. Un créancier dont les créances sont rejetées se trouve, du même coup, exclu de la masse des créanciers.

2. **La masse des créanciers.** — On a voulu éviter que les créanciers agissent de façon désordonnée, selon leurs intérêts égoïstes ou leur fantaisie. Autrement, aucune organisation sérieuse et utile de la procédure n'aurait pu être envisagée. L'entreprise se serait trouvée à la merci de l'inconséquence de certains. Des actes isolés auraient été accomplis au détriment de tous.

Or, les créanciers ont des intérêts communs ou, à tout le moins, la plupart d'entre eux. Ne serait-ce que d'être payés sur l'actif restant du débiteur. Ils sont donc rassemblés en une *masse*.

Au sens large, la masse comprend les créanciers titulaires d'une créance antérieure au jugement. Toutefois, cette composition peut varier en fonction des questions qui se posent à la masse. C'est pour cette raison que l'on dit parfois que la masse est une notion *relative*. Son existence apporte aux créanciers des avantages, mais aussi des restrictions à leurs droits. Les *créanciers chirographaires* qui ont produit en sont le noyau. Alors que les créanciers titulaires de sûretés spéciales peuvent n'être qu'associés à certaines de ses actions.

De nos jours, il est admis qu'elle a la *personnalité morale*. Elle est représentée par le syndic. A la différence de la plupart des personnes morales, ses membres, les créanciers, n'ont que très rarement à exprimer leur volonté collective. Une assemblée n'est réunie que dans l'hypothèse d'un règlement judiciaire, pour que les créanciers se prononcent sur les propositions concordataires du débiteur (v. cependant, *infra*, l'autorisation donnée au syndic, afin qu'il poursuive le débiteur pour banqueroute).

Aussi a-t-on douté de l'utilité de la personnalisation, le législateur ayant prévu, dans le détail, quel serait le mécanisme de chaque procédure. L'indépendance d'action de la masse est des plus réduites.

Mais les juristes, par déformation professionnelle, ont recherché quel pouvait être son *patrimoine*. Il devrait être logiquement distinct de celui du débiteur et de ceux des créanciers individuellement considérés.

On en a, par exemple, déduit que les créanciers qui n'ont des droits privilégiés que sur l'actif du débiteur ne pouvaient bénéficier de leur privilège sur l'actif propre de la masse, mais la solution est actuellement controversée, en doctrine comme en jurisprudence. Le législateur a prévu que le jugement emporte, au profit de la masse, une *hypothèque* sur tous les biens du débiteur. Que ce soit les biens présents ou les biens que le débiteur viendrait à acquérir. Cette hypothèque, inscrite par le syndic, permettra à la masse de se prévaloir du défaut de publicité d'une vente d'immeuble passée par le débiteur avant le jugement.

Afin de préciser cet aspect patrimonial, il est bon de rappeler que, pour les juristes, un patrimoine comprend un actif et un passif.

A) *L'actif de la masse.* — La masse ne se substitue pas au débiteur. Il reste propriétaire de ses biens. La masse n'a sur eux que des pouvoirs d'*administration* ou de *disposition.* Ce qui est loin d'être négligeable.

Par conséquent, on a pu considérer, bien que cette analyse ne soit pas clairement dégagée en jurisprudence, que c'est la masse qui continue à exploiter une entreprise dont les éléments sont la propriété du débiteur.

Mais le droit positif n'est pas allé jusqu'aux ultimes conséquences de l'indépendance patrimoniale de la masse. C'est qu'il est parfois difficile de séparer ces deux patrimoines étroitement imbriqués que sont celui du débiteur et celui de la masse.

Aussi, bien souvent, aurait-on pu arriver aux mêmes résultats en faisant abstraction de la personnalité de la masse. Par exemple, lorsque se poursuit l'exploitation, s'il est vrai que les nouveaux créanciers sont des créanciers dits « de la masse », cela signifie qu'ils seront payés en priorité, mais les biens acquis entrent dans l'actif du débiteur.

A défaut de pouvoir englober les biens du débiteur, l'actif de la masse profite de deux sources principales d'enrichissement : l'inopposabilité de certains actes accomplis par le débiteur ; les actions en réparation d'un préjudice qu'elle aurait subi du fait des agissements fautifs d'un tiers.

a) Les inopposabilités. — Le débiteur a pu accomplir des actes qui, certes, l'engageront. En ce sens, ils ne seront pas nuls, mais la masse sera fondée à les ignorer et à en écarter les conséquences. Nous reparlerons des inopposabilités, mais une hypothèse simple en donnera l'idée. Lorsque le débiteur, après le jugement, paye un de ses créanciers, sans autorisation, il accomplit un acte inopposable à la masse. Le créancier devra rapporter à la masse, remettre au syndic, les sommes reçues. L'actif de la masse se trouve accru d'autant.

b) Les actions en responsabilité. — La masse peut aussi agir en responsabilité contre ceux qui ont causé un préjudice collectif à ses membres. La Cour de cassation a jugé que le fait que le responsable soit lui-même « un créancier dans la masse » n'était pas un obstacle à ce que la masse, qui est une personne juridique indépendante de ceux qui la composent, dispose d'un recours contre lui. Elle l'exercera par l'intermédiaire du syndic.

Mais les autres créanciers dans la masse, individuellement considérés, n'ont pas qualité pour agir contre le responsable s'ils n'invoquent pas de préjudice distinct de celui subi par la personne morale. Seul le syndic a qualité pour agir en son nom.

C'est ainsi qu'ont pu être mis en cause les agissements de certains banquiers. D'une part, de ceux qui, en octroyant inconsidérément du crédit à des entreprises, ont retardé le dépôt de bilan du débiteur et permis à son passif de s'aggraver. Le débiteur ayant, grâce à ces concours bancaires, poursuivi une activité déficitaire. D'autre part, de ceux à qui on a reproché d'avoir provoqué la cessation des paiements de leur débiteur en mettant fin prématurément, sans aucun préavis, à une ouverture de crédit préalablement consentie. Ce qui ne saurait être l'affirmation que les banquiers ont l'obligation de maintenir de manière illimitée des crédits à des entreprises qui ne sont pas encore condamnées. Ce qui leur est reproché, c'est une décision qui prend à l'improviste le débiteur par son caractère précipité. C'est « le coup de frein » trop brutal (v. Gavalda et Stoufflet, *Droit de la Banque*, PUF, « Thémis »).

Dans la première hypothèse, le banquier a eu tort de consentir une ouverture de crédit, dans la seconde, sa faute a été de mettre fin à une ouverture de crédit. Contradiction qui n'est qu'apparente si on veut bien considérer, dans chaque cas, la situation du débiteur. Ce que les tribunaux sanctionnent ce sont les agissements de personnes informées par leur profession qui tentent d'obtenir des avantages sur les autres créanciers.

B) *Le passif de la masse.* — La pratique tend à ne pas distinguer le passif de la masse de celui du débiteur comme l'imposerait la logique (v. A. Brunet, *Masse des créanciers et créanciers de la masse*, thèse, Nancy, 1973). C'est au passif qu'apparaîtront en premier licu les *frais de justice* et *d'administration* engagés dans l'intérêt commun des créanciers.

Plus généralement, les dettes qui seront contractées par le débiteur assisté du syndic, en cas de règlement judiciaire, ou par le syndic représentant le débiteur, en cas de liquidation des biens, seront des dettes dites de la masse. Les créanciers de la masse ne doivent pas être confondus avec les créanciers dans la masse. Bien qu'ils soient aussi des créanciers du débiteur, ils priment les créanciers dans la masse. On a même distingué une troisième catégorie, celle des créanciers *hors la masse*, les plus mal lotis. Ce sont ceux dont les droits sont inopposables à la masse. Les plus avantagés sont les créanciers de la masse, qui échappent à l'égalité qui règne entre les créanciers dans la masse

3. **L'égalité des créanciers.** — Quelle que puisse être l'âpreté de la vie des affaires, le législateur a introduit, très souvent contre leur gré, une *égalité* entre les créanciers.

A compter de la cessation des paiements du débiteur, ils doivent renoncer à obtenir des avantages sur les autres par le biais d'accords conclus avec leur débiteur commun. Les plus habiles ou les plus retors ne doivent pas profiter de leurs facilités. Il en résulte une série de conséquences de portée générale sur les droits des créanciers.

Elles sont au nombre de trois : la suspension des poursuites, la remise en cause du terme des créances et du cours des intérêts, les inopposabilités.

A) *La suspension des poursuites.* — Au principe s'ajoute une exception relative aux créanciers titulaires d'une sûreté spéciale.

a) Le principe. — La procédure devient collective avec le jugement qui prononce le règlement judiciaire ou la liquidation des biens. Les créanciers dont les créances sont antérieures sont soumis au principe de la suspension des poursuites. Ils ne peuvent plus agir individuellement contre leur débiteur. Ils sont privés du droit de l'assigner en paiement devant un tribunal.

Cette suspension des poursuites s'impose aux créanciers *chirographaires* et aux créanciers titulaires d'un privilège général. Non seulement ils ne peuvent plus introduire de nouvelles actions en paiement contre le débiteur, mais les actions en cours sont suspendues. Les saisies cessent d'être possibles. La jurisprudence estime cependant que l'exercice d'une action en résolution pour non-paiement d'une vente d'immeuble n'est pas suspendue. Elle aura pour effet de permettre la revendication du bien.

A la place de son action, le créancier produit entre les mains du syndic et obtient l'inscription de son droit sur l'état des créances, ce qui lui permettra de participer à la distribution des dividendes. Il est un créancier dans la masse. Celle-ci, on le sait, prend à sa charge la protection de ses membres. Ses interventions se substituent aux leurs.

Mais si les créanciers ne peuvent plus se faire payer par leur débiteur, ils ne sont pas quittes envers lui. Sauf exception, ils doivent régler ce qu'ils lui doivent. Situation éminemment désagréable et rarement appréciée des créanciers. Ils auraient tendance à n'admettre l'égalité que lorsqu'elle leur est favorable !

En revanche, le créancier qui peut invoquer un droit direct contre un tiers qui, lui, n'est pas en règlement judiciaire ou en liquidation des biens n'est pas soumis à la suspension des poursuites.

Il n'en irait autrement que si le créancier invoquait un *préjudice collectif* atteignant la masse, puisque nous avons vu, précédemment, que le syndic avait seul qualité pour la représenter en justice. Toutefois, la solution soulève des difficultés en jurisprudence.

Certaines affaires ont fait naître des controverses sur lesquelles la Cour de cassation, en chambre mixte, a dû se prononcer, le 15 juin 1979. Un entrepreneur qui a commis des malfaçons en construisant une maison est ultérieurement mis en état de liquidation des biens. La victime a un droit exclusif sur l'indemnité due par l'assureur de l'auteur responsable du dommage. Aussi, la Cour de cassation a-t-elle admis que le créancier puisse agir en paiement contre l'assureur, les poursuites n'étant pas suspendues à son égard. Et pour que la responsabilité du débiteur puisse être établie, celui-ci sera appelé en la cause. Mais il ne sera pas condamné à indemniser la victime, qui devra, si elle prétend faire valoir une créance de somme d'argent contre lui, produire entre les mains du syndic.

b) Les créanciers titulaires d'une sûreté spéciale. — Bien que les créanciers titulaires d'une sûreté spéciale paraissent, à lire l'article 35 de la loi du 13 juillet 1967, ne pas être soumis à la suspension des poursuites, la jurisprudence a notablement réduit leurs prérogatives.

L'article 35 dispose que : « Le jugement... suspend toute poursuite individuelle... de la part des créanciers dont les créances... ne sont pas garanties par un privilège spécial, un nantissement ou une hypothèque... »

On aurait pu penser qu'*a contrario* ces créanciers, titulaires d'une sûreté spéciale, conservaient leur droit de poursuite intact.

Encore fallait-il que soit respecté l'esprit de l'article 40 de la loi du 13 juillet 1967 (v. Derrida, Le droit de poursuite individuelle des créanciers titulaires d'une sûreté spéciale, *Dalloz-Sirey*, 1967, Chr. 251, et Pirovano, *Dalloz-Sirey*, 1968, Chr. p. 163).

Cet article oblige, nous l'avons vu, tous les créanciers à produire et à faire vérifier leur créance. A quoi serviraient ces dispositions si, à tout moment, avant même que leur créance soit vérifiée et admise, les créanciers pouvaient par exemple faire vendre un immeuble ou le fonds de commerce du débiteur. L'Assemblée plénière de la Cour de cassation, le 13 février 1976, a rappelé cette prééminence de l'article 40 sur l'article 35. Tant que leurs créances n'ont pas été *admises*, les créanciers bénéficiant de sûretés spéciales ne peuvent exercer leur droit de poursuite individuelle qu'ils tiennent de l'article 35.

En réalité, l'argument de texte ne doit pas faire ignorer les véritables intentions. L'article 40 a été mis en avant, parce qu'on a craint que l'*entreprise* ne soit menacée par des actions intempestives des créanciers titulaires de sûretés spéciales. Que l'on songe à la vente du fonds de commerce qui risquerait d'être hâtivement ordonnée à la demande d'un créancier titulaire d'un nantissement. Sans doute la vérification et l'admission n'auraient peut-être pas encore eu lieu, mais il aurait bien fallu que le créancier justifiât de son titre. Le danger viendrait donc de ce qu'il ruine les chances d'un concordat.

En obligeant le créancier à attendre, on espère que la lassitude ou la réflexion modéreront ses intentions. C'est que la suspension n'est pas définitive ; une fois sa créance admise, le titulaire d'une sûreté spéciale invoquera l'article 35 et retrouvera le droit d'exercer sa sûreté. La suspension ne sera que temporaire, à moins que le créancier n'accepte ensuite de limiter volontairement ses prérogatives pour que vive l'entreprise, sur le sort de laquelle il a obtenu des assurances et si ses chances d'être payé ne sont pas compromises.

Ainsi considérée, la mesure n'aurait d'intérêt que pour une procédure de règlement judiciaire. Mais l'argument de texte invoqué vaut autant pour une liquidation des biens.

On a pu faire remarquer qu'un de ses inconvénients était celui d'un renchérissement du crédit, dès lors que les garanties offertes ont des effets amoindris.

B) *Le terme et les intérêts.* — Lorsque le créancier n'a pas une créance exigible, il n'eût pas été raisonnable d'allonger la procédure jusqu'à l'échéance qui aurait pu être lointaine. Il n'eût pas été équitable de l'en exclure. Aussi a-t-on choisi de le faire bénéficier de la déchéance du terme. Sa créance devient immédiatement *exigible*, par l'effet de la liquidation des biens ou du règlement judiciaire. Mais déchéance du terme n'étant pas paiement, le créancier doit produire comme les autres. Il n'y a pas de réciprocité. Le syndic ne saurait réclamer immédiatement le paiement de sommes qui sont dues à terme au débiteur.

Pour que la durée de la procédure ne soit pas une cause d'augmentation des dettes et que le passif soit fixé, les intérêts des créances non garanties par une sûreté réelle cessent de courir. Mais comme cet effet ne se produit qu'à l'égard de la masse, le débiteur n'est pas libéré et pourra se voir réclamer les intérêts échus depuis le jugement, après la clôture de la procédure.

Les titulaires de sûretés réelles, telle une hypothèque, ont une situation plus avantageuse. Ils peuvent être payés. Leur droit au règlement des intérêts ne porte cependant que sur le prix du bien affecté à la garantie de leur créance.

C) *Les inopposabilités de la période suspecte.* — Pendant le temps qui s'écoule du jour de la cessation des paiements jusqu'à celui du jugement, le comportement du débiteur peut être suspect. Sa faiblesse financière ne le rend-elle pas vulnérable aux pressions de ses créanciers ? S'il est faible ou malhonnête, les biens qui lui restent encore risquent de disparaître. Les uns seront la proie de créanciers rusés, les autres seront détournés. C'est que la cessation des paiements arrive rarement du jour au lendemain, elle est accompagnée de signes avant-coureurs. Tantôt les créanciers, prévenus de la fin financière prochaine de leur débiteur, emporteront des marchandises à défaut d'être payés en espèces, tantôt ils se feront accorder des garanties coûteuses pour le débiteur. Celui-ci, de son côté, tentera de minimiser son actif en donnant ses biens aux membres de sa famille, à ses meilleurs amis, ou bien encore il les leur vendra à vil prix ou ne se fera pas payer en fait, malgré l'apparence.

Aussi a-t-on parlé de *période suspecte*. Comme l'a écrit Balzac :

« Heureux le négociant qui se glisse par la fenêtre, par le toit, par les caves, par un trou, qui prend un sac et grossit sa part. »

Mais qu'il y ait ou non intention frauduleuse dans ces agissements, le droit ne pouvait rester indifférent. Sinon, les créanciers les moins retors, les plus respectueux des intérêts d'autrui, en seraient les victimes. Il fallait rétablir l'égalité entre les créanciers en reconstituant l'actif amoindri au profit de la masse. La parade a consisté à recourir aux inopposabilités. Les créances inopposables ne seront pas nulles. Le débiteur sera, lui, lié par ses engagements, mais la masse pourra ne pas en tenir compte. En conséquence, les créanciers seront moins nombreux pour se partager un actif devenu plus important. Quant à ceux dont la créance sera déclarée inopposable, ils seront « hors de la masse ».

S'ils avaient pris des marchandises, ils devront les rapporter ou indemniser la masse. S'ils avaient reçu une somme d'argent, le syndic en obtiendra le remboursement. Mais ils ne sont pas privés du droit de reprendre ce qu'ils avaient eux-mêmes remis au débiteur, afin que la situation antérieure soit rétablie. Les modalités varient selon les hypothèses.

Tous les actes accomplis pendant la période suspecte ne seront pas inopposables à la masse. Certains sont justifiés, d'autres qui le seraient moins sont trop courants.

Au lieu d'instituer une inopposabilité générale et implacable, le législateur a préféré n'atteindre que certains comportements.

Deux méthodes ont été utilisées. L'une consiste à énumérer des actes qui seront, en eux-mêmes, inopposables. L'avantage en est la prévisibilité ; l'inconvénient, les plus habiles passeront entre les mailles du filet. L'autre, complémentaire, part d'une condamnation générale qu'elle tempère par un pouvoir d'appréciation reconnu au juge.

Dans le premier cas, l'inopposabilité est obligatoire et doit être prononcée par le juge dès lors que sont remplies les conditions légales. Dans le second, l'inopposabilité est facultative et pourra ne pas être prononcée.

a) Les inopposabilités de droit. — Elles sont énumérées à l'*article 29* de la loi du 13 juillet 1967. Plusieurs conditions doivent être réunies.

La durée de la période suspecte. — Le tribunal recherche d'abord si l'acte incriminé a été accompli pendant la période suspecte, c'est-à-dire après la date de cessation des paiements. L'incertitude grandissant avec le temps, une limite a été impérativement fixée. La période suspecte ne saurait être antérieure de plus de *dix-huit mois* à la date du jugement, même si la date de la cessation des paiements lui est nettement antérieure.

On sait que le tribunal ne fixe pas la date de cessation des paiements une fois pour toutes, lors du jugement qui prononce le règlement judiciaire ou la liquidation des biens. Il peut la faire varier en cours de procédure, ouvrant la trappe des inopposabilités. Cependant la limite de dix-huit mois, quelle que soit la réalité, est utile. On s'était aperçu que rendre inopposables à la masse des actes accomplis, parfois, depuis de nombreuses années était inopportun et soulevait des difficultés nombreuses d'exécution.

La date de l'acte. — Le créancier que la masse cherche à exclure tentera de démontrer que l'acte a été passé antérieurement à la cessation des paiements. D'où l'importance de la preuve de la date de cet acte.

S'il est *commercial*, cette preuve pourra être établie par tout moyen. S'il est *civil*, le créancier devra respecter les dispositions de l'article 1328 du Code civil, qui ont été prévues pour éviter postdate ou antidate. Aussi ne peut-on se fier à la date mentionnée sur un écrit, lorsqu'il s'agit de l'opposer à un tiers. La date n'est certaine que si elle a été *enregistrée* ou mentionnée dans un *acte authentique* ou encore, ultime raison, que par le décès de l'un des signataires !

La nature de l'acte. — Pour que l'acte soit inopposable à la masse, il ne suffit pas qu'il ait été accompli pendant la période suspecte, il doit correspondre à l'un de ceux décrits expressément par le législateur.

Dans l'article 29 de la loi du 13 juillet 1967, sont énumérés *sept* cas d'inopposabilité de droit. Les comportements visés sont particulièrement suspects lorsqu'on sait que le débiteur n'a plus les moyens de payer ses dettes, qu'il est en état de cessation des paiements. Examinons certains d'entre eux.

Le premier acte frappé d'inopposabilité est la *donation*. Il est suivi, voisinage qui n'a rien qui puisse surprendre, du contrat dans lequel les obligations du débiteur excèdent notablement celles de l'autre partie. Pensez à une vente à vil prix des biens du débiteur. N'est-il pas bizarre qu'un débiteur se montre généreux lorsqu'il est aux abois ?

Le texte parle également des paiements de *dettes non échues* « au jour du jugement ». Ils sont inopposables. Ce qui se comprend puisque les dettes immédiatement exigibles ne sont pas payées ou ne le sont que par l'emploi de moyens ruineux ou frauduleux.

La dation en paiement n'a pas été oubliée. Les créanciers impayés ne peuvent se contenter de prendre, pour se dédommager, des marchandises ou des biens quelconques de leur débiteur.

Plus généralement, l'article 29 condamne *les paiements de dettes échues par des procédés anormaux.* Cependant, la pratique répandue des effets de commerce et la sécurité qui doit s'attacher à leur circulation ont conduit le législateur à ne pas soumettre leur remise ou leur paiement aux inopposabilités de droit.

Enfin, nous citerons la *constitution d'une sûreté réelle*, par exemple d'une hypothèque, pour garantir une dette préexistante. La garantie offerte par le débiteur peut surprendre, la dette étant préalable. Il est probable que l'opération aurait pour but de faire patienter un créancier inquiet ou menaçant.

Si le tribunal constate que l'acte correspond à l'un de ceux décrits par l'article 29 et se situe dans la période suspecte, le syndic assignera le créancier devant le tribunal. Mais à la différence des inopposabilités facultatives, le tribunal a un pouvoir d'appréciation réduit à deux constatations : la nature et la date de l'acte.

b) Les inopposabilités facultatives. — Elles sont prévues par deux textes. D'une part, l'*article 29, dernier alinéa*, de la loi du 13 juillet 1967 dispose que le tribunal peut déclarer inopposables à la masse des créanciers, les actes à *titre gratuit* faits dans les *six mois* précédant la date de cessation des paiements. Ainsi les donations seront facultativement déclarées inopposables si elles sont antérieures de six mois, au maximum, à la date officielle de cessation des paiements. On peut donc remonter au plus sur *vingt-quatre mois*. Mais dans les dix-huit premiers mois, l'inopposabilité est de droit (v. *supra*).

D'autre part, l'*article 31* de la même loi a une portée générale. Les paiements pour dettes échues, les actes à titre onéreux, effectués après la date de la cessation des paiements, « peuvent être également déclarés inopposables à la masse, si de la part de ceux qui ont perçu, agi ou traité avec le débiteur, ils ont eu lieu avec connaissance de la cessation des paiements » (ô, Stendhal !).

Il n'y a pas d'énumération exhaustive des actes facultativement inopposables. Tous les paiements pour dettes échues, tous les actes à titre onéreux peuvent être déclarés inopposables à la masse. Il faut, comme pour les inopposabilités de droit, que soit remplie une condition de temps. L'acte doit avoir été accompli pendant *la période suspecte*, qui ne peut être antérieure de plus de dix-huit mois à la date du jugement.

En outre, l'intention sera déterminante. Le créancier a eu *connaissance de la cessation des paiements* de son débiteur au *moment* où l'acte a été accompli. La preuve en sera faite par tout moyen. Bien sûr, il faudra que l'acte soit *préjudiciable* à la masse, ce qui justifiera l'intervention du syndic.

Même si ces conditions sont remplies, le tribunal a la faculté de ne pas le déclarer inopposable. Il apprécie l'opportunité de la décision. Il recherchera, par exemple, quels étaient les mobiles des parties, quelle attitude a prise le créancier. A lui de faire preuve d'imagination pour se défendre.

4. **Les limites à l'égalité des créanciers.** — Les créanciers chirographaires ne sont, dans la masse,

riches que de leur créance impayée et d'espérances souvent illusoires. Ils peuvent être désabusés puisqu'ils ne passeront qu'après beaucoup d'autres. Aussi a-t-on pu dire, paraphrasant Orwell (Sortais, *Rev. trim. de Droit commercial*, 1976, p. 269), que « tous les créanciers étaient égaux, mais que certains étaient plus égaux et même beaucoup plus égaux que d'autres ».

Sans doute, existe-t-il un statut commun à tous les créanciers, mais l'égalité ne produit tous ses effets qu'à l'égard des créanciers chirographaires. Ils verront, par exemple, se « dégonfler » l'actif du débiteur sous les coups des revendications (A) et il leur faudra supporter les privilèges et les sûretés spéciales (B).

A) *Les revendications.* — Le siège de la matière se trouve aux articles 59 à 66 de la loi du 13 juillet 1967. Le débiteur a, parfois, en sa possession des biens qui sont la propriété d'une autre personne. On a considéré qu'il serait abusif de décider que le légitime propriétaire ne pourra pas les reprendre, au seul motif que les autres créanciers ont pu être trompés par la solvabilité apparente du débiteur. Encore qu'il soit vrai que, même si des mesures de publicité ont été prévues, le public risque d'être impressionné par le bureau somptueux ou la magnifique voiture du débiteur qui n'en est pas propriétaire.

Le propriétaire pourra reprendre le bien qui lui appartient quoiqu'il soit détenu par le débiteur en règlement judiciaire ou en liquidation des biens. Des conditions ont, heureusement, été imposées pour l'exercice de l'action en revendication. L'intéressé aura, bien sûr, à rapporter la preuve de son droit de propriété. Les objets revendiqués devront être retrouvés en *nature* et individualisés, sinon leur propriétaire n'aurait plus qu'une créance de somme d'argent et il lui appartiendrait de produire entre les mains du syndic.

Lorsque la revendication est possible, il faut qu'elle soit exercée dans le délai de *quatre mois* à compter de la publication du jugement ouvrant la procédure de règlement judiciaire ou de liquidation des biens. Des dispositions spécifiques ont été prévues pour le vendeur de meuble impayé *a)* et pour le conjoint du débiteur *b)*.

a) Le vendeur de meuble impayé. — Le débiteur en règlement judiciaire ou en liquidation des biens a acheté, avant le jugement, des marchandises. S'il a été livré, le vendeur n'a plus, en principe, le droit de les reprendre. Il doit produire pour le montant de sa créance. Mais des exceptions ont été prévues.

D'abord, dans le cas où des marchandises, bien qu'ayant été expédiées, n'ont pas encore été livrées, le vendeur a le droit de les arrêter en *cours de route* et de ne les remettre au syndic que s'il est payé. Une simple lettre recommandée adressée au transporteur lui défendant de livrer sera suffisante. Mais il faut que les marchandises n'aient pas été remises dans les magasins de l'acheteur ou d'un commissionnaire chargé de les vendre pour son compte. Ce droit de revendiquer pourrait être tenu en échec si les marchandises avaient été revendues sans fraude au cours du transport.

On notera, *a fortiori*, que le vendeur qui ne s'est pas encore dessaisi des marchandises a le droit de ne les livrer que si le prix convenu est payé par le syndic.

Ensuite, lorsque la vente a été *résolue* avant le jugement prononçant le règlement judiciaire ou la liquidation des biens, le vendeur, qui a donc retrouvé la propriété de son bien, peut aussi le revendiquer.

Seulement, il arrive que les actions en justice s'enchevêtrent. Il se peut que le créancier ait intenté son action avant le jugement prononçant le règlement judiciaire ou la liquidation des biens, alors qu'il ne sera statué sur sa demande qu'après ce jugement. Dans cette hypothèse, pour éviter que le créancier diligent ne soit victime des *lenteurs de la justice*, le législateur rend possible la revendication lorsque sera rendue une décision prononçant la résolution.

Enfin, il faut tenir compte de l'existence d'*une clause de réserve de propriété*. C'est la clause par laquelle le vendeur stipule qu'il restera propriétaire des marchandises vendues jusqu'au paiement intégral du prix, malgré leur livraison immédiate à l'acheteur. La validité de cette stipulation est indiscutée. Le transfert de propriété sera retardé, bien que la vente produise des effets. Le contrat est partiellement exécuté avec la livraison ; l'acheteur, cependant, ne sera propriétaire que lorsqu'il aura intégralement payé le vendeur.

Toutefois, pour préserver les droits des tiers qui auraient pu, a-t-on dit, être influencés par la solvabilité apparente du débiteur, la jurisprudence avait estimé que la clause de réserve de propriété était inopposable à la masse, lorsque le débiteur avait été mis en règlement judiciaire ou en liquidation des biens, à moins que le vendeur n'ait manifesté sa volonté de revendiquer la marchandise impayée avant le jugement. Par l'effet de l'inopposabilité, le vendeur était traité comme un quelconque créancier chirographaire.

La *loi n° 80335 du 12 mai 1980* s'est au contraire prononcée en faveur des vendeurs de marchandises au détriment des autres créanciers. Aussi peut-on penser que la réserve de propriété va devenir une clause de style dans les contrats de vente. Le législateur, ne prenant pas directement parti sur la nature juridique de la clause de réserve de propriété, permet au vendeur de revendiquer les marchandises dans les mêmes conditions que pour les marchandises consignées au débiteur à titre de dépôt ou pour être vendues (v. l'art. 65 de la loi du 13 juillet 1967). Encore faut-il évidemment qu'une clause de réserve de propriété ait été prévue par les parties. Par une disposition maladroite et qui, en outre, donnera des idées d' « antidate » à des individus peu scrupuleux, cette clause pourra avoir été convenue entre les parties dans un écrit établi, au plus tard, au moment de la livraison.

Le droit de propriété fait échapper le vendeur à la procédure collective. Il bénéficie d'une « super sûreté » (Houin, L'introduction de la clause de réserve de propriété dans le droit français de la faillite, *JCP*, 1980-I-2978), dont la publicité est des plus réduites. Les marchandises ainsi vendues doivent figurer sur une ligne distincte à l'actif du bilan de l'acquéreur et la créance correspondante apparaît de même au bilan du vendeur.

En reprenant les marchandises, le vendeur pourra, de sa seule initiative, ruiner, parfois, les chances de redressement d'une entreprise. Ne serait-ce pas le cas, si tous les stocks, le matériel... étaient revendiqués ? On a fait valoir, en revanche, qu'on évitera peut-être la cessation des paiements du vendeur et, partant, des procédures en cascades.

Toutefois, les tiers sous-acquéreurs qui, de bonne foi, auraient acheté les marchandises, pourront se prévaloir de l'article 2279 du Code civil selon lequel : « En fait de meuble, possession vaut titre », pour s'opposer au vendeur qui revendiquerait les marchandises entre leurs mains.

b) Les droits du conjoint du débiteur. — La communauté de vie, les liens des époux avaient conduit le législateur à restreindre les droits du conjoint du débiteur qui invoquait sa qualité de propriétaire des biens retrouvés en la possession du failli. A l'origine, on avait craint l'influence du mari sur sa femme. Selon la présomption « mucienne », d'origine romaine, les biens acquis par le conjoint du débiteur étaient présumés payés avec l'argent provenant de l'activité du débiteur. Cette présomption n'existe plus. Il appartient désormais à la masse, c'est-à-dire au syndic, de *prouver* que les biens du conjoint ont été achetés avec des sommes fournies par le débiteur. Les libéralités ou avantages matrimoniaux consentis à son conjoint par le débiteur seront, en revanche, inopposables à la masse, si le débiteur était déjà commerçant avant son mariage ou l'est devenu dans l'année qui a suivi la célébration (v. articles 55 à 58 de la loi du 13 juillet 1967). Les créanciers se heurteront parfois à un changement de régime matrimonial ou à un divorce. Ne dit-on pas que certains évalueraient l'intérêt fiscal ou juridique d'un divorce, d'un enfant.

Lorsque les deux époux exploitent en commun l'entreprise, alors qu'un seul d'entre eux est officiellement commerçant, les tribunaux n'hésitent pas à les soumettre l'un et l'autre à une procédure collective.

B) *Les principales sûretés.* — Les sûretés peuvent être classées en fonction de leur assiette. Quatre catégories principales apparaissent.

a) Les privilèges généraux. — Ils sont énumérés aux articles 2101 et 2104 du Code civil.

Certains de ces privilèges, les moins nombreux, portent à la fois sur les *meubles et les immeubles* du débiteur. Depuis 1955, ils ont été réduits à deux sortes. D'une part, le privilège des *frais de justice*, parce que la procédure étant d'intérêt général, toutes les dépenses qu'elle entraîne profitent à chacun. D'autre part, le privilège des *salariés*, auquel est assimilable le privilège des *compositeurs, auteurs* et *artistes*.

Les autres privilèges généraux ne portent que sur les *meubles* et ont été remplacés quant aux immeubles par des *hypothèques* qui doivent être publiées à la Conservation des Hypothèques. Le public est ainsi informé de leur existence. Des privilèges généraux mobiliers sont accordés au *Trésor public* et aux organismes de *Sécurité sociale.*

Quelle qu'en soit l'assiette, leurs titulaires sont des créanciers qui, dans les limites de leur privilège, jouissent d'un droit de préférence et peuvent être payés avant les créanciers chirographaires.

Précisons les particularités des plus saillants.

1° *Les salariés.* — Ils bénéficient de trois garanties. La première, appelée le *super-privilège* des salariés, trouve sa raison d'être dans l'évidente nécessité de désintéresser sans tarder ceux qui ne comptent pour vivre que sur le versement régulier de leur salaire. Le syndic doit donc payer, avec les premiers fonds disponibles, une fraction minimale des salaires, avant toute autre créance, même privilégiée, dans les *dix jours* du jugement.

Le montant de ce super-privilège reçoit une double limitation. Dans le temps, puisqu'il ne concerne que les *soixante derniers jours* de travail, pour les salariés et apprentis et les *quatre-vingt-dix* derniers jours pour les représentants de commerce et les marins. Différences qui tiennent à des périodicités variables dans le versement des rémunérations. En valeur, puisqu'un plafond est fixé par décret, par référence au plafond retenu pour le calcul des cotisations de la Sécurité sociale.

Pour que les salariés ne souffrent pas de retards qui proviendraient de longueurs dans le calcul de leur rémunération ou des contestations de leurs droits, le syndic a l'obligation de leur verser immédiatement, avec l'autorisation du juge commissaire, une somme égale à un mois de salaire impayé, sur la base des derniers bulletins de salaire, sous réserve du respect d'un plafond.

Ce super-privilège permet aux salariés de primer tous les autres créanciers, y compris le Trésor public. Toutefois, la solution est parfois controversée, notamment quand les salariés se heurtent à un créancier gagiste invoquant son droit de *rétention*.

Les salariés bénéficient d'un second privilège, de moindre rang, qui garantit les salaires correspondant, sous réserve de quelques mesures spécifiques, aux *six derniers mois* de travail.

Enfin, les avantages précédents risquant de se révéler illusoires, à défaut d'un actif minimum mobilisable, d'autres précautions ont été imposées par le législateur. L'affaire « Lip », par son retentissement, a mis en lumière des lacunes. Avec les lois du 27 décembre 1973 et du 22 décembre 1975, un régime d'*assurances* a été mis en place, dont la gestion a été confiée à l'UNEDIC et aux ASSEDIC. A la tête de cette organisation, se trouve une association pour la gestion du régime d'assurance des créances des salariés, appelée AGS. Lorsque le syndic n'a pas de ressources suffisantes tirées du patrimoine du débiteur, cet organisme fait l'avance des sommes dues aux salariés. L'AGS est ensuite subrogée dans les droits des salariés et recouvrera, éventuellement, l'avance accordée en se faisant payer par le syndic à la place des salariés. Le financement de ce régime provient de cotisations à la charge des employeurs. Le poids en est donc supporté, finalement, par les créanciers chirographaires ou par la collectivité des employeurs, selon que l'actif du débiteur permettra ou non d'y faire face.

Les salariés en bénéficient alors même que l'employeur n'aurait pas versé ses cotisations. Les sommes couvertes par cette assurance sont toutes celles qui sont dues par l'employeur en exécution du contrat de travail à la date de la décision prononçant le règlement judiciaire ou la liquidation des biens.

Cependant, par tolérance, on évite que soient prises des décisions hâtives de licenciement ou que ne s'enveniment des conflits sociaux. Le travail qui s'est poursuivi pendant une durée de trois à quatre mois maximum à compter du jugement sera pris en considération si un licenciement est alors décidé. L'AGS intervient ainsi par une extension volontaire des dispositions légales.

L'avance obtenue par les salariés est toutefois limitée par un plafond mensuel qui est celui retenu pour le calcul des contributions à l'assurance chômage.

2° *La Sécurité sociale.* — Les Caisses d'Assurance sociale ont une mission d'intérêt général qui prolonge le caractère humanitaire et collectif des mesures précédentes. Afin qu'elles puissent financièrement y faire face, un privilège général leur a été reconnu sur les meubles du débiteur. Il en résulte une nouvelle atteinte à l'égalité des créanciers. C'est que le paiement des cotisations est garanti pendant *un an* à compter de leur exigibilité.

Cependant, pour que les autres créanciers ne soient pas trompés par le caractère occulte de ces droits avantageux, une *publicité* a été organisée pour les informer si le débiteur est commerçant.

3° Le *Trésor public.* — Préféré à la plupart des créanciers et, bien sûr, aux chirographaires, le Trésor public, comme d'ailleurs la « Sécurité sociale », est souvent craint des autres participants qui le trouveraient volontiers « vorace ».

Or, le Trésor public a vu ses droits être limités par le législateur qui a voulu l'associer plus étroitement au déroulement de la procédure. En outre, son privilège, à partir d'un certain montant de créance, ne sera en principe opposable à la masse que s'il est *publié.* Si le débiteur est commerçant, la publicité est faite au greffe du tribunal de commerce, sinon au secrétariat greffe du tribunal de grande instance. Et, pour éviter que ne s'accumule un passif fiscal anormalement élevé, tout en accélérant le recouvrement des impôts, des délais doivent être respectés dans l'exécution de ces formalités de publicité.

b) Les gages et les nantissements. — Lorsqu'un bien est donné en gage, deux hypothèses peuvent être distinguées. Celle du gage avec dépossession du débiteur, celle sans dépossession.

Dans la première, le créancier nanti est en possession de la chose donnée en gage, dont la valeur est souvent supérieure au montant de la dette garantie. Cette détention matérielle se traduit juridiquement par un avantage considérable, le droit de *rétention*. Le créancier peut refuser de se dessaisir du bien tant qu'il n'est pas payé, ou demander qu'il lui soit attribué par justice.

S'il en conserve la possession, condition nécessaire qui rend hasardeux le dessaisissement, il prime tous les autres créanciers.

Le syndic a la possibilité de *retirer le gage* en désintéressant le créancier ou de le mettre en demeure de réaliser son gage. A défaut, le syndic y procédera lui-même (v. pour la liquidation des biens, l'article 83 de la loi du 13 juillet 1967). Dans ce cas, les droits du créancier gagiste sont reportés sur le produit de la vente.

Dans l'hypothèse d'un *gage sans dépossession* du débiteur, les droits du créancier sont plus faibles. N'étant pas détenteur d'une chose, il ne peut invoquer le droit de rétention. Tel est le cas d'un créancier titulaire d'un nantissement sur un fonds de commerce. Il sera primé par d'autres créanciers privilégiés.

Il est à noter, en revanche, que dans l'hypothèse du *gage du vendeur d'automobile*, le législateur, par une fiction, a prévu que le vendeur est réputé avoir encore la possession du véhicule, quand bien même il serait entre les mains d'un tiers, à qui l'acheteur l'aurait revendu. La publicité qui en est faite informant les tiers de l'existence du gage et se substituant à l'apparence de la dépossession. Artificiellement, le vendeur peut se prévaloir d'un droit de rétention. Enfin, la jurisprudence reconnaît au créancier titulaire d'un nantissement la possibilité de se faire attribuer le gage, même en l'absence de droit de rétention.

c) Le bailleur d'immeuble. — Le principe d'égalité entre les créanciers a incité le législateur a amoindrir le privilège qui est accordé par le droit commun au bailleur d'immeuble.

Son privilège, qui a pour assiette les meubles garnissant les lieux loués, porte donc, entre autre, sur le matériel et les marchandises. Or, ce sont des éléments nécessaires à l'exploitation. Il a l'inconvénient, aussi, de ne pas être publié. Il n'apparaît pas non plus par une quelconque dépossession du débiteur locataire.

Pour en atténuer les effets, le législateur n'étend le privilège qu'aux deux dernières années de loyer échues avant le jugement et à l'année en cours. Le détail des solutions varie selon que le bail est ou non résilié. (Lire les articles 52 à 54 de la loi du 13 juillet 1967.)

d) Les créances hypothécaires. — La constitution d'une hypothèque sur un immeuble du débiteur doit faire l'objet d'une publicité à la conservation des hypothèques.

La publicité foncière est un facteur d'information particulièrement utile, mais on constate que dans cette hypothèse elle est imparfaite.

S'il est exact que tout l'actif du débiteur est le gage de ses créanciers, cette reconnaissance d'un droit n'est efficace pour les chirographaires que si privilèges et sûretés n'ont pas tout englouti.

Or, en raison de la diversité des droits de préférence, de l'étendue variable de leur assiette, il faut que soient classés les privilèges et les sûretés spéciales, qui risquent d'être contradictoires.

C) *Le classement des privilèges et des sûretés spéciales.* — Il n'est pas possible de procéder à un classement à partir d'un critère unique à cause de la multiplicité des sûretés. Devant des recherches qui ont parfois les attraits du jeu d'échecs, il suffira d'en montrer les rudiments. Les conflits sont simples parfois, mais des combinaisons subtiles n'y sont pas inconnues.

a) Les droits de même nature. — Les privilèges généraux sont classés entre eux d'après un ordre indiqué par l'*article 2101* du Code civil. Il arrive que cet ordre soit troublé par l'existence de *textes dérogatoires.*

Pour ne retenir que les plus connus des privilèges, l'ordre est le suivant : le super-privilège des salariés, le privilège des frais de justice, les privilèges des contributions directes et des taxes assimilées en concours entre eux, les privilèges de l'enregistrement et du timbre, le privilège des contributions indirectes, le privilège général des salariés et de la Sécurité sociale venant en concours, le privilège des douanes...

Cette incomplète énumération a déjà de quoi démoraliser les créanciers chirographaires ! On a pu dire qu' « on constate une prolifération inquiétante des privilèges généraux... puisqu'ils atteignent le chiffre respectable de cent quatre-vingt ! » (Perrot, *op. cit.*).

Les sûretés spéciales ne donnent un droit de préférence à leurs titulaires que sur la valeur du *bien* objet de la garantie. Si le prix est insuffisant, ces créanciers ne sont, pour le surplus, que des chirographaires.

En principe, le classement des créanciers en conflit sur le même bien se fait en fonction de la *date* de la naissance du droit à garantie ou de son inscription, s'il est soumis à publicité.

S'il s'agit d'un gage avec dépossession, le possesseur sera préféré puisqu'il pourra invoquer le droit de *rétention* et refuser de se dessaisir du bien. Il faut, cependant, tenir compte du privilège qui est accordé à celui qui a engagé des frais pour la *conservation du bien*, après le jugement prononçant le règlement judiciaire ou la liquidation des biens. Ayant empêché son dépérissement, il a ainsi rendu service aux autres créanciers et doit leur être préféré. Alors qu'il n'a pas la possibilité de se prévaloir de ce privilège, lorsque les frais ont été engagés antérieurement au jugement.

b) Les combinaisons de droits. — Si un conflit s'élève entre des sûretés de nature différente, leur classement ne peut plus reposer sur les seuls principes précédemment exposés. Malgré la complexité, quelques grandes règles de solution apparaissent.

Le *droit de rétention* est souvent préféré.

Les *privilèges spéciaux mobiliers* priment les privilèges généraux sur la valeur du bien. En décider autrement aurait pour conséquence de ruiner le crédit du débiteur, en enlevant beaucoup de leur efficacité aux privilèges spéciaux. Mais il existe des exceptions en faveur du super-privilège des salariés et des privilèges fiscaux.

Les *privilèges généraux immobiliers* sont préférés aux hypothèques sur le prix des immeubles, lorsque la valeur du mobilier ne suffit pas à désintéresser les privilégiés.

Les créanciers chirographaires seront payés en dernier rang.

On estime que les créanciers chirographaires ne reçoivent, en moyenne, que *quatre pour cent* du montant de leurs créances (M. Martineau cité par P. Korsjak, in *La vie judiciaire*, 25 octobre 1976, E. du Pontavice, *op. cit.*). C'est qu'il faut également compter avec les créanciers de la masse dont le nombre s'accroît avec la gestion des biens du débiteur et la continuation de l'exploitation en cours de procédure.

II. — La gestion des biens du débiteur

Pendant le déroulement de la procédure de règlement judiciaire ou de liquidation des biens, l'entreprise et les biens du débiteur ne peuvent raisonnablement tomber en jachère. Il serait préjudiciable à tous que l'interruption de toute activité entraînât une diminution de l'actif. On a même vu des entreprises devenir bénéficiaires sous l'heureuse influence d'un syndic. Seulement, il serait imprudent d'autoriser, sans contrôle ni restrictions, le débiteur à rester à la tête de ses affaires.

Aussi les biens du débiteur font-ils l'objet d'une saisie collective, par l'intermédiaire de la masse (1), ce qui suppose l'intervention du syndic (2) qui participe à la poursuite de l'activité (3).

1. **Le dessaisissement du débiteur.** — Après en avoir rappelé les principes, nous dirons quelques mots de l'activité du débiteur et de la compensation.

A) *Principes.* — Le débiteur n'est pas frappé d'*incapacité*. Il ne perd pas la *propriété* de ses biens. Il n'en est que *dessaisi*, en attendant qu'à la clôture de la procédure ne soit définitivement fixé leur sort. Par l'effet de cette saisie collective, qui résulte du jugement prononçant le règlement judiciaire ou la liquidation des biens, le débiteur ne peut plus disposer de son patrimoine. Ses créanciers sont à l'abri de ses décisions irréfléchies ou frauduleuses.

La portée de ce dessaisissement est grande et s'étend, non seulement, aux biens qui se trouvaient dans le patrimoine du débiteur au jour du jugement, mais, aussi, à ceux qu'il viendrait à acquérir par la suite. Les effets de cette saisie commencent à la première seconde, non pas du jugement, mais du jour du jugement, pour se prolonger jusqu'à la clôture de la procédure.

Les actes que le débiteur accomplirait seul, irrégulièrement, à partir de ce jour, seraient sans influence sur les droits de la masse. Le jeu du dessaisissement a pour conséquence de rendre de tels actes inopposables de plein droit à la masse. Des sanctions pourraient être prises contre le débiteur pour banqueroute frauduleuse. Les tiers qui n'auraient pas été informés ou qui passeraient outre risqueraient d'en être victimes. Les ventes ou les achats que leur aurait consentis le débiteur de mauvaise fois ou par négligence seraient donc inopposables à la masse. Ces tiers n'auraient même pas la possibilité de produire entre les mains du syndic pour obtenir le remboursement de ce qu'ils avaient versé. La rigueur de la sanction pourrait être tempérée par la démonstration que la masse s'était injustement enrichie à leurs dépens ou encore par le jeu de l'article 2279 du Code civil, en tant qu'ils seraient considérés comme des acquéreurs de bonne foi d'un meuble.

Mais, bien que créancier du débiteur, le cocontractant n'en resterait pas moins hors la masse sans pouvoir invoquer les droits des créanciers de la masse, parce que l'acte n'a pas été régulièrement accompli. En plus, s'il avait été de mauvaise foi, il ne serait pas à l'abri d'une sanction pénale.

Pour la même raison, puisqu'il y a saisie, les dommages que le débiteur causerait à un tiers par ses fautes, postérieurement au jugement, ne donneraient pas à la victime un droit à réparation opposable à la masse. Il faut réserver le cas, bien exceptionnel, où le syndic serait complice ou coauteur de la faute. Mais la victime ne deviendrait créancière de la masse que si cette dernière avait été représentée par le syndic. Il n'en serait pas ainsi, dans l'hypothèse où le syndic aurait agi dans un intérêt purement personnel.

Le dessaisissement prive également le débiteur du droit d'ester seul en *justice*, qu'il soit défendeur ou demandeur. Mais il conserve le droit de participer aux opérations de la procédure, et par exemple, de faire appel du jugement ouvrant le règlement judiciaire ou la liquidation des biens.

Il est donc déterminant de distinguer les cas dans lesquels le débiteur est habilité à agir, assisté ou représenté par le syndic, de ceux où il outrepasse ses pouvoirs. C'est que dans les premiers, les créanciers sont des créanciers de la masse. Dans les seconds, nous venons de le voir, ce sont des créanciers hors de la masse, exclus des règlements collectifs et, particulièrement, des distributions de dividendes. Ils n'ont plus qu'à attendre la clôture de la procédure pour tenter d'obtenir satisfaction, le dessaisissement de leur débiteur ayant pris fin.

Toutefois, il ne faut pas oublier que le fondement et la nature du dessaisissement en tracent les limites. Lorsque les actes du débiteur n'ont pas de retentissement patrimonial pour la masse, cette inopposabilité n'a plus de raison d'être. C'est ainsi qu'y échappent les actions de caractère personnel, telles celles relatives au mariage, au divorce ou encore à la reconnaissance d'enfant. Le débiteur pouvant alors agir seul, sans le secours du syndic !

Il en est de même des actes du débiteur à caractère conservatoire. Lorsqu'ils n'ont pour but que de protéger le patrimoine, ils ne peuvent être qu'approuvés par la masse. On citera la sommation de payer faite à ses propres débiteurs ou un acte interruptif de la prescription de ses créances sur les tiers. La masse, qui en profitera, serait pénalisée, si elle les considérait comme lui étant inopposables.

Enfin, certains biens sont *insaisissables*. Ce sont ceux qui composent le mobilier personnel du débiteur, mais aussi les rentes, pensions, versées par des organismes de Sécurité sociale ou encore une fraction de son salaire. Alors que dans le cas où un bien aurait été transmis au débiteur sous une condition d'inaliénabilité ou d'insaisissabilité, le tribunal pourrait, malgré la clause, faire prévaloir les droits des créanciers, si leur intérêt était jugé supérieur.

B) *L'activité du débiteur*. — Le règlement judiciaire ou la liquidation des biens n'emportent pas, par eux-mêmes, de déchéances professionnelles. Le débiteur a le droit d'exercer une nouvelle activité, qu'elle soit ou non commerciale. En pratique, il lui sera, sans doute, plus facile d'être salarié que commerçant, puisqu'il ne dispose plus de ressources propres pour financer une activité indépendante. On sait aussi que tous ses biens présents ou à venir sont soumis au dessaisissement et que tous ses actes patrimoniaux sont, en principe, inopposables à la masse. Cependant, dans le cas où il aurait eu, malgré tout, une activité indépendante, la rigueur des principes est atténuée.

Pour protéger ses nouveaux partenaires commerciaux, on invoque l'enrichissement sans cause dont bénéficierait la masse et l'accord tacite du syndic. Aussi la jurisprudence admet-elle que les nouveaux fournisseurs soient payés grâce aux sommes acquises dans l'exercice d'une activité ultérieure.

Si le débiteur est, une autre fois, en état de

cessation des paiements, avant que ne se soit achevée la première procédure, il faudra harmoniser les droits des anciens et des nouveaux créanciers.

S'agissant d'une *personne morale*, un changement d'activité ou une modification d'objet social ne saurait justifier, en pratique, que toute indépendance soit redonnée aux organes sociaux. D'autant que la liquidations des biens aura pour effet ultime la dissolution, quant on est en présence d'une société.

C) *La compensation.* — Des opérations, dont l'origine est antérieure au jugement, peuvent exceptionnellement échapper au dessaisissement.

La nécessité de cristalliser, pour la régler, une situation juridique critique, conduit à empêcher la compensation et à museler des créanciers qui penseraient se jouer de l'égalité forcée qui les unit.

On sait que lorsque deux personnes sont, réciproquement, créancières et débitrices l'une de l'autre, les deux créances sont éteintes à concurrence de la plus faible. On évite ainsi des manipulations inutiles. Or, à compter du jugement d'ouverture du règlement judiciaire ou de la liquidation des biens, la compensation devient impossible. Et par hypothèse, une personne étant à la fois créancière et débitrice du débiteur doit verser au syndic ce qu'elle doit, en totalité, et produire pour ce qui lui est dû. Elle sera désintéressée, si elle l'est, avec retard et, généralement, de façon partielle, comme les autres créanciers. Cette rigueur respecte l'égalité, lorsque les conditions de la compensation n'étaient pas remplies au moment du jugement. Dans le cas contraire, il n'y aurait plus ni créance, ni dette. Mais la compensation ne se sera pas produite, par exemple, si l'une des créances n'est devenue exigible que par le prononcé du jugement.

Toutefois, en cas de *connexité* entre les deux créances, des exceptions sont apportées à ce blocage de la compensation. Le première est admise lorsque les créances se servent de garantie réciproque. Ainsi en est-il lorsqu'un *compte* existe entre les parties rendant indivisibles leurs créances. La seconde, lorsque les deux créances respectives prennent leur source dans un *contrat unique* : prime due à une compagnie d'assurances, compensée avec une indemnité due à l'assuré. La solution a été plus discutée à propos d'une créance provenant de la mauvaise exécution d'un contrat. On a, cependant, compensé des dommages intérêts pour malfaçon avec le prix du produit fabriqué, sur la base de la connexité toujours.

On notera qu'assignée en paiement, l'autre partie s'y soustrait dans l'immédiat en invoquant la compensation, mais qu'elle doit se soumettre à la procédure de vérification des créances.

2. **Le rôle du syndic.** — Le débiteur étant dessaisi, au profit de la masse, de l'administration et de la disposition de ses biens, le syndic doit intervenir pour préserver l'actif et pour qu'une gestion provisoire soit assurée.

A) *Les mesures préliminaires.* — Le syndic a des actes indispensables à accomplir dès le prononcé du jugement. Les mesures qu'il prend sont de nature *inquisitoriale* et *conservatoire*.

Les organes de la procédure ont besoin d'être *informés* de la situation réelle du débiteur. Aussi, celui-ci a-t-il l'obligation de se présenter au syndic, avec ses *livres comptables*, dans les trois jours du jugement. A défaut, le syndic cherchera à les découvrir, ainsi que les documents et papiers utiles.

Des informations sont données au procureur de la République, à l'administration fiscale et aux organismes de Sécurité sociale.

Dans la liquidation des biens, les *lettres* adressées au débiteur sont remises au syndic. Si le débiteur est présent, il assiste à leur ouverture. Ce contrôle de la correspondance ne s'étend pas à la vie privée du débiteur. Seront restituées à leur seul destinataire, les lettres de caractère personnel.

Grâce à ces diverses mesures, le syndic devrait être à même de dresser un état de situation et un inventaire, dès le début des opérations.

Afin d'éviter des détournements d'actif, des dispositions de caractère *conservatoire* ont été prévues. Des *scellés* pourront être apposés sur les biens du débiteur. Toutefois, des *secours* pourraient lui être accordés par le juge-commissaire si l'actif le permet.

B) *L'influence de la procédure choisie.* — Les mesures préalables sont essentiellement comparables, qu'il s'agisse de l'une ou l'autre des procédures. En revanche, le rôle ultérieur du syndic est moindre dans le règlement judiciaire que dans la liquidation des biens. L'explication tient à leur finalité différente. Sans doute est-il nécessaire que même en cas de *règlement judiciaire* la masse ait un droit sur les biens du débiteur qui ne sont pas librement disponibles, mais celui-ci conservera, généralement, la direction de son entreprise. Ne doit-il pas, s'il obtient un concordat, poursuivre son activité en retrouvant sa liberté d'action ? Il est donc préférable qu'il n'y ait pas d'interruption de sa gestion en cours de procédure. Le syndic ne fera qu'*assister* le débiteur. C'est ce que prévoit l'*article 14* de la loi du 13 juillet 1967. Encore ne doivent-ils pas compromettre les chances d'obtention d'un *concordat* ou de redressement de *l'entreprise*. Pour des actes graves, le syndic et le débiteur seront bien inspirés en demandant l'autorisation du juge-commissaire avant d'agir. Deux principes devraient les guider, la protection de la masse, la survie de l'entreprise.

Pour qu'il y ait assistance, il est, par définition, indispensable que le débiteur se manifeste. En cas de carence ou s'il refuse de passer un contrat utile à la sauvegarde de son patrimoine, le syndic agira seul, sur autorisation du juge-commissaire. Des refus systématiques, la passivité ou la disparition du débiteur conduiraient le tribunal à convertir le règlement judiciaire en *liquidation des biens*.

Or, avec cette procédure, le décor change. Les perspectives d'avenir sont bouchées. On s'achemine vers la vente des biens du débiteur. C'est le syndic qui est chargé de la plupart des opérations de liquidation. Le débiteur est écarté d'une gestion qui lui échappera. Le syndic le *représente*. Selon l'*article 15* de la loi du 13 juillet 1967 : les droits et actions du débiteur concernant son patrimoine sont exercés pendant toute la durée de la liquidation des biens par le syndic. Toutefois, le débiteur pourrait être employé pour faciliter la gestion.

3. **La poursuite de l'activité.** — L'activité se réduira parfois à l'exécution de contrats. Mais il n'est pas exclu que l'exploitation continue. Dans un cas comme dans l'autre apparaissent encore les créanciers dits de la masse.

A) *Le sort des contrats en cours d'exécution.* — Il est rare que le jugement intervienne alors qu'aucun contrat n'est en cours d'exécution, qu'aucune commande n'est en suspens, qu'aucune prestation n'est à fournir.

En principe, le *syndic* est juge de l'*opportunité* de continuer à exécuter les contrats ou de les résilier. L'*article 38 alinéa 1* de la loi du 13 juillet 1967 dispose que : « Le syndic conserve, en cas de règlement judiciaire ou de liquidation des biens, la faculté d'exiger l'exécution des contrats en cours en fournissant la prestation promise à l'autre partie. »

Aucun délai précis ne lui est imposé avant de se décider. Il n'a pas à faire connaître sa décision par des actes imposés. La jurisprudence exige seulement que le syndic manifeste clairement son intention dans un délai raisonnable qui lui aura permis de s'informer. C'est que le cocontractant a, généralement, hâte d'être fixé. Si le syndic tardait anormalement à répondre, il le mettrait en demeure d'opter ou l'assignerait en résolution ou en résiliation du contrat.

Lorsque le syndic opte pour la continuation, le contrat doit être exécuté conformément aux stipulations initiales, sauf nouvel accord des parties. Si par la suite, le cocontractant se heurtait à l'inexécution, par le débiteur ou le syndic, des obligations contractuelles, il serait fondé à agir en résiliation ou en résolution.

Lorsque c'est pour l'interruption de l'exécution que se décide le syndic, la situation n'est pas pour autant oubliée ou effacée. Le cocontractant qui subit de ce fait un préjudice est en droit de demander des *dommages et intérêts*.

Cette option a donc des conséquences sur les droits du cocontractant. Dans le cas où le syndic renonce à la continuation, le cocontractant est un *créancier dans la masse*. Mais s'il opte pour la continuation, une distinction s'impose. Pour les prestations qui auraient été fournies avant le jugement, le cocontractant est un créancier dans la masse, qui doit produire au passif. Pour les prestations postérieures, il est un *créancier de la masse*

Au principe de la liberté d'option du syndic ont été apportées des *exceptions*.

Certains contrats sont *résiliés* de *plein droit*. Ce sont ceux qui ont été manifestement conclus en considération des qualités personnelles du débiteur, comme le mandat, par exemple, ou encore les ouvertures de crédit ; les sociétés de personnes, sauf clause contraire des statuts ; le compte courant... Mais la jurisprudence interprète strictement la notion de contrat conclu *intuitu personae*, afin de ne pas priver trop largement le syndic de son droit d'option et de ne pas compromettre les droits de la masse. La même raison d'opportunité explique que la jurisprudence ait rendu inefficaces les *clauses de résiliation de plein droit* en cas de survenance d'un jugement de règlement judiciaire ou de liquidation des biens.

D'autres contrats fort courants et particulièrement importants sont aussi l'objet de mesures dérogatoires. On citera, notamment, le contrat de travail et le bail.

Le syndic qui entend résilier les *contrats de louage de services* est tenu de respecter les dispositions spécifiques du droit du travail. En outre, sauf décision contraire expresse de sa part, les contrats se *poursuivent* de plein droit, en cas de continuation de l'exploitation.

Les licenciements décidés par le syndic ne sont pas abusifs du seul fait qu'ils ont été provoqués par le règlement judiciaire ou la liquidation des biens.

Quant à l'*opportunité* de ces licenciements, nous avons vu qu'elle soulève de vives controverses. Il convient de rechercher dans quelle mesure la poursuite de l'activité est compatible avec l'intérêt des autres créanciers et les possibilités financières de l'entreprise. Sans aides extérieures, sur qui faire peser les charges qui permettront d'éviter le chômage ? C'est que la continuation peut n'être qu'un sursis coûteux ou l'affirmation réaliste des chances de redressement de l'entreprise.

Le *droit au bail*, en raison de son influence sur l'activité et de sa valeur propre, échappe partiellement aussi aux règles générales. Le syndic seul s'il représente le débiteur, ou le débiteur assisté du syndic, selon la procédure en cours, peut continuer le bail, le céder ou en demander la résiliation. Malgré une clause contraire du bail, le tribunal pourrait autoriser la mise du fonds en location-gérance.

Lorsque le bailleur a des causes de résiliation à faire valoir, encore doit-il agir rapidement. Le délai est de *trois mois* à compter du jugement, si la cause était préexistante, et de *quinze jours* à compter de la connaissance que le bailleur en a eue, si la cause apparaît après le jugement (v. *article 52* de la loi du 13 juillet 1967). La résiliation est prononcée lorsque les garanties offertes au bailleur sont jugées insuffisantes par le tribunal de grande instance.

C'est que la résiliation affaiblirait les possibilités de continuation de l'exploitation.

B) *La continuation de l'exploitation.* — La décision doit être prise de manière à éviter qu'une interruption immédiate compromette la liquidation avantageuse des stocks ou ruine les chances d'un concordat. Mais la masse ferait les frais d'une exploitation onéreuse, vouée à l'échec. Pour écarter des erreurs dues à un choix précipité, le législateur a soumis la continuation à des conditions différentes, selon les procédures.

Dans la *liquidation des biens*, des contrôles stricts

ont été mis en place pour déjouer les abus que ne justifient aucun espoir de concordat. L'autorisation de continuer à exploiter sera donnée par le tribunal, pour une durée de *trois mois* renouvelable. La durée totale ne devra pas excéder *un an*, sauf décision exceptionnelle du tribunal pour cause grave. L'exploitation est assurée par le syndic qui risque parfois d'engager sa responsabilité, par exemple à l'égard de fournisseurs impayés, s'il prend des décisions à la légère. Le tribunal peut autoriser le débiteur à l'aider. Mais la *location-gérance* du fonds de commerce à un tiers est une technique qui est fréquemment utilisée.

Si le débiteur est en *règlement judiciaire*, la continuation de l'exploitation présente l'avantage de ne pas bouleverser, ne serait-ce que temporairement, la marche de l'entreprise. Cependant, elle n'est pas de droit. L'autorisation sera donnée par le juge-commissaire pour trois mois au maximum. C'est ensuite le tribunal qui prendra la décision. S'il se prononce en faveur de la continuation, il en fixe librement la durée. Mais le juge-commissaire ou le tribunal peut, à tout moment, retirer son autorisation. Il serait désastreux que la continuation se révélant inutilement coûteuse, le juge ou le tribunal soit prisonnier de son choix.

Lorsque l'exploitation se poursuit, le juge-commissaire, à la demande du syndic, décide si le débiteur y participera et fixe sa rémunération dans l'affirmative.

Les actes de gestion courante peuvent même, alors, être accomplis par le *débiteur seul*, s'il reste dans les limites imposées par les besoins de l'exploitation. Cependant, il est sous la surveillance du syndic qui doit l'assister pour les autres actes.

A l'exploitation directe, le tribunal pourrait préférer la mise en *location-gérance* du fonds.

C) *Les créanciers de la masse.* — L'exploitation ne sera poursuivie ou les contrats en cours exécutés que si les créanciers qui traitent avec le débiteur ou le syndic n'ont pas à craindre d'être soumis aux restrictions que les procédures collectives apportent aux droits des créanciers. Est-il besoin de souligner que les relations d'affaires sont rarement désintéressées ?

Mais la jurisprudence n'a pas tiré, nous l'avons vu, toutes les conséquences qui auraient dû découler de la personnalité de la masse. Aussi, les créanciers, dont la créance a sa source dans une poursuite de l'activité, sont-ils, en tant que « créanciers de la masse », payés sur l'*actif* propre de la *masse* et sur celui du *débiteur*.

On rappellera donc que les créanciers de la masse étant étrangers à la loi d'égalité qui lie les créanciers dans la masse ne sont pas payés au marc le franc et ne viennent pas en concours avec ces derniers. Ils leur sont *préférés*.

Comme leurs poursuites ne sont pas suspendues, ils conservent le droit d'être payés immédiatement et n'ont pas à produire entre les mains du syndic.

En revanche, ils sont en *concours* entre eux, sous réserve du droit de préférence dont bénéficie, par exemple, le Trésor public pour le paiement des contributions nées de la continuation de l'exploitation.

La qualité de créancier de la masse n'est pas attachée à la personne, mais tient à l'origine de leur créance. On peut ainsi être créancier de la masse pour une créance née de la continuation régulière de l'activité, créancier dans la masse sur la base de créances antérieures au jugement et créancier hors de la masse à cause de l'inopposabilité d'autres créances.

Chapitre IV

L'ACHÈVEMENT DES PROCÉDURES DE RÈGLEMENT JUDICIAIRE OU DE LIQUIDATION DES BIENS

Pour leur clôture, les procédures de règlement judiciaire et de liquidation des biens divergent profondément. La première n'a-t-elle pas pour finalité la reprise par le débiteur d'une activité normale, alors que la liquidation des biens entraîne la réalisation des biens du débiteur par le syndic ?

A ces solutions s'ajoutent des modes extrêmes de clôture. L'un tient au défaut d'intérêt de la masse lorsque le passif a été payé, l'autre, au contraire, à l'absence manifeste de passif rendant inutile le déroulement de la procédure.

Encore faut-il indiquer qu'en pratique, les concordats sont peu nombreux. On a pu dire (Soinne, in *La refonte du droit de la faillite*, *op. cit.*) que : « Le droit de la faillite en France est donc, pour l'immédiat, essentiellement un droit de la liquidation des entreprises. »

I. — La liquidation des biens

Le dénouement de la procédure de liquidation des biens s'organise autour d'une idée simple. La procédure doit aboutir à la réalisation totale des biens du débiteur qui permettra d'éteindre, partiellement, son passif. Les sommes provenant de la vente, du recouvrement des créances du débiteur, seront distribuées aux créanciers.

Le débiteur est représenté par le syndic. Les créanciers sont en état d'*union*. Ce mot traditionnel n'a plus guère de signification. Malgré la synonymie entre la « concorde » et l' « union », la procédure de clôture de la liquidation des biens est essentiellement judiciaire. La loi du 13 juillet 1967 a aggravé le déclin du rôle des créanciers. N'ayant pas de concordat à voter, ils n'auront pas à se prononcer en assemblée sur la manière dont se fera la liquidation. Lorsque l'actif aura été épuisé, la procédure prendra fin.

1. La vente des biens du débiteur. — Pour que cette liquidation soit menée à bien, le législateur reconnaît au syndic des facilités pour concilier deux impératifs. Ne pas décourager les acquéreurs par des formalités trop lourdes ; protéger les créanciers et le débiteur contre des actes hâtifs et des opérations bâclées.

La distinction, classique, entre les *meubles* et les *immeubles*, s'est imposée. Mais, pour éviter le dépeçage de l'actif, existe, en outre, une possibilité de *vente à forfait* d'un ensemble de biens (d'une *universalité*).

A) *Les meubles.* — C'est le syndic qui poursuit seul la vente des marchandises ou autres meubles du débiteur. Il est également chargé du recouvrement des *créances* échues qui restaient impayées.

Le législateur n'a pas précisé quelle devait être la forme de la vente. La Cour de cassation a admis la validité de deux modes. D'autres sont concevables. C'est la vente aux *enchères publiques* qui offre le plus de garanties. Elle se concilie parfaitement avec le caractère judiciaire de la procédure. En revanche, elle ne donne pas toujours de bons résultats financiers, en raison de son formalisme. La *vente amiable*, ou de gré à gré, a des avantages, par sa souplesse. Toutefois, certains syndics, à cause de son peu de rigueur, ont tendance à n'y recourir qu'avec l'autorisation du juge-commissaire.

A fortiori, doit être autorisée une forme particulière de vente, celle de l'*appel d'offres*, qui, en créant une concurrence entre les acquéreurs, répondra à l'intérêt de la masse. A moins que, par fraude, se crée une entente entre les participants.

Généralement, le syndic vendra, en premier lieu, les meubles sujets à dépérissement rapide, ainsi que les meubles qui ne sont pas nécessaires à une éventuelle poursuite de l'exploitation. Mais il ne lui est pas interdit de procéder d'abord à la vente des immeubles, si l'occasion s'en présente.

B) *Les immeubles*. — Malgré l'importance que les techniques nouvelles ont donnée à la fortune mobilière : fonds de commerce, parts de société, obligations..., les immeubles conservent un prestige, non seulement dans les annonces publicitaires des « promoteurs », mais aussi dans les lois.

La vente des immeubles doit être autorisée par le *juge-commissaire*, à peine de nullité. Elle doit avoir lieu dans les formes prévues pour l'exécution des saisies immobilières. A s'en tenir au texte, le syndic devrait poursuivre la vente dans les *trois mois* du jugement qui prononce la liquidation des biens. Mais aucune sanction n'a été prévue en cas de dépassement, fréquent, de ce délai.

De même, les créanciers hypothécaires ou privilégiés sur les immeubles ont un délai de *deux mois*, à compter du jugement, pour poursuivre la vente forcée des immeubles objets de leur droit. Ce délai aurait été rarement respecté si on considère que leur droit de poursuite est *suspendu* jusqu'à l'admission de leur créance. Aussi la jurisprudence a estimé que ce délai lui-même se trouvait suspendu jusqu'à l'admission de leur créance.

Ces créanciers devront attendre la décision du syndic. Bien que conservant leur droit de préférence, ils ne pourront donc pas obtenir, comme ils le voudraient, la vente rapide de l'immeuble et, par conséquent, leur paiement.

C) La cession à forfait. — Plutôt que de vendre isolément chaque bien du débiteur, le syndic peut être autorisé à traiter à forfait pour la vente de la totalité ou d'une partie de l'actif, qu'il soit composé de meubles ou d'immeubles.

Il est ainsi possible, tout en obtenant un prix plus élevé, de préserver, par exemple, l'entreprise, le fonds de commerce. Leur potentiel n'est pas affaibli par un démantèlement illogique. La cession à forfait doit être autorisée par le *tribunal*, qui en surveillera la réalisation. Un recours laxiste à la cession à forfait est parfois constaté en pratique.

2. Le paiement des créanciers. — Le syndic ne paye pas immédiatement les créanciers. Les fonds provenant de la réalisation de l'actif sont remis à la *Caisse des Dépôts et Consignations.*

C'est le *juge-commissaire* qui en ordonnera la répartition et qui fixe les modalités de la distribution de ces dividendes. Des versements successifs, s'échelonnant en cours de procédure, sont possibles, tout comme une répartition unique, en fin de procédure.

Le syndic adresse à chaque créancier, en règlement de son dividende, un *chèque* tiré sur le compte ouvert à la Caisse des Dépôts et Consignations.

Les chirographaires sont payés *au marc le franc* (marc, ancien poids qui servait à peser les métaux précieux, les pièces d'or ou d'argent). La distribution se fait au *prorata* du montant de leurs créances. Ainsi, l'importance de la créance influence-t-elle celle du dividende. Mais si l'actif a déjà été totalement absorbé, les chirographaires restent tous impayés.

Lorsque la valeur du bien reçu en garantie par le titulaire d'une *sûreté spéciale* est insuffisante pour que ce créancier soit intégralement désintéressé, il vient en concours pour le surplus avec les chirographaires, en vertu du *droit de gage général* qui est reconnu à tout créancier, privilégié ou non, sur les biens de son débiteur.

3. **La clôture de la liquidation des biens.** — Une fois les répartitions faites, la procédure prend fin. Il y a pourtant de grands risques que les créanciers ou certains d'entre eux n'aient pas été intégralement payés. Mais, comme il ne subsiste plus d'actif à partager, le maintien de la procédure serait inutilement coûteux. Le tribunal en prononce la clôture. Avec elle, disparaissent la masse et les autres organes : syndic, juge-commissaire. Le débiteur n'est plus frappé de dessaisissement ; il retrouve son indépendance. La distinction entre l'homme et l'entreprise a pour conséquence que la liquidation des biens n'emporte, en elle-même, aucune déchéance patrimoniale ou professionnelle.

Cependant, le débiteur n'est *pas libéré* envers les créanciers impayés. Il reste tenu d'abord envers ceux qui, bien qu'étant des créanciers dans la procédure, n'ont reçu aucun dividende ou des paiements partiels. En outre, réapparaîtront à leurs côtés les créanciers dont la créance avait été déclarée inopposable à la masse et non point annulée.

Les uns et les autres pourront poursuivre le débiteur selon le droit commun. Les biens du débiteur ne sont plus indisponibles. Pour faciliter les poursuites des créanciers qui ont participé à la procédure, la loi prévoit qu'ils pourront obtenir du président du tribunal une *ordonnance* revêtue de la formule exécutoire et portant *injonction de payer* leurs créances qui ont été vérifiées et admises. Ainsi, n'auront-ils pas à s'adresser, une nouvelle fois, au tribunal pour bénéficier d'un jugement de condamnation de leur débiteur, pour ce qui leur reste dû.

Mais, sur la base d'une créance ancienne, les précédents créanciers de l'union ne peuvent pas demander une réouverture de la procédure, lorsque le débiteur ne les rembourse pas.

Dans le cas où ce serait une créance nouvelle et donc étrangère à la procédure achevée, qui serait impayée, le débiteur, étant une fois encore en état de cessation des paiements, pourrait, évidemment, faire l'objet d'un autre jugement de règlement judiciaire ou de liquidation des biens. Une procédure indépendante de la précédente serait ouverte. Une masse serait constituée dans laquelle seraient réunis anciens et nouveaux créanciers impayés.

II. — Le règlement judiciaire

Son achèvement est dominé par le *concordat*, dont l'importance a été soulignée dès le jugement d'ouverture, puisqu'il est le critère à partir duquel le tribunal opte entre la liquidation des biens et le règlement judiciaire. Mais, alors qu'à cette époque il suffisait qu'un concordat sérieux soit envisageable pour que la liquidation des biens soit écartée, il faut, désormais, que le débiteur concrétise cette virtualité par des propositions.

Le concordat est un accord (*concordare*, s'accorder, être uni de cœur !) entre le débiteur et ses créanciers prévoyant remises de dettes et délais de paiement.

Les difficultés économiques et financières actuelles n'ont donc pas, tant s'en faut, multiplié les concordats. Malgré la bonne volonté des créanciers, les efforts des débiteurs, il n'y a pas de concordats miraculeux. D'autant que leur volonté ne doit pas aller à l'encontre de l'ordre public et de l'intérêt général. Aussi, le concordat, bien que voté par la majorité des créanciers, n'est efficace que si le tribunal l'homologue.

En droit positif, un concordat ne produit ses effets (3) que si, voté par les créanciers (1), il est homologué par le tribunal (2).

1. **La formation du concordat.** — L'initiative viendra du débiteur, dont les propositions concordataires devront être soumises à l'assemblée des créanciers.

A) *Les propositions concordataires.* — C'est le *débiteur* qui les élabore, puisqu'il aura à les exécuter éventuellement. Elles varient selon les débiteurs, leur situation financière, leurs créanciers... On trouve cependant des idées directrices dans la loi du 13 juillet 1967. L'*article 68* indique que : « Les offres de concordat précisent les mesures envisagées pour le rétablissement du débiteur et définissent les conditions, et, notamment, le montant, le terme et les garanties proposées pour le règlement des créances chirographaires ainsi que, le cas échéant, l'abandon des biens. »

Le législateur ne parle pas d'une possibilité de redressement de l'*entreprise*, mais raisonne en termes d'obligations, de paiement des dettes. En pratique, les moyens de paiement ne seront, généralement, trouvés que si l'entreprise peut être sauvée.

On dira que, pour qu'un concordat soit *sérieux*, il doit répondre à trois préoccupations.

— *Le montant des créances*, le débiteur ne saurait se contenter d'offrir à ses créanciers une part trop faible de ce qu'il leur doit. D'autant que des règlements partiels créent des inégalités entre débiteurs. Ceux qui s'acharnent à payer leurs créanciers étant, en fin de compte, désavantagés.

— *Les délais* doivent être raisonnables. Ils vont de quelques mois à quelques années, selon la situation du débiteur et les particularités de l'entreprise.

— *Les chances d'exécution* ne doivent pas être illusoires. L'appréciation en sera faite en fonction des aptitudes du débiteur et de la situation de l'entreprise, sans que soit négligé l'intérêt des créanciers et des tiers.

Toutefois, la continuation de l'exploitation n'est pas une condition impérative du concordat (v. art. 101 de la loi du 13 juillet 1967, lire toutefois l'art. 75, al. 3, de la loi de 1967, qui n'envisage la résolution du concordat que dans l'hypothèse d'une interdiction d'exercer une activité *commerciale*). Pourquoi ne pas faire du concordat une sorte d'« échéancier », dont tous trouveraient à se louer si son contenu était raisonnable ? Il éviterait ce vide devant lequel s'arrêtent bien des créanciers lorsque la procédure de liquidation prend fin. Contrairement à ce que laisserait penser une généralisation hâtive, les débiteurs en difficulté ne sont pas tous dédaigneux de leurs responsabilités. Il est vrai que grâce à l'oubli, d'autres obtiennent en fait une remise parfois totale de leurs dettes.

Si le débiteur ne dépose pas au *greffe* du tribunal ses propositions concordataires, malgré la mise en demeure du greffier, le juge-commissaire dresse un procès verbal de *carence*. Le règlement judiciaire est *converti* en liquidation des biens.

Lorsque des propositions ont été déposées, le greffier avertit personnellement les créanciers *privilégiés* ou titulaires d'une *sûreté* réelle. Ces créanciers ne sont pas liés, normalement, par le concordat homologué. Toutefois, il est heureux de ne pas les isoler. Ils doivent manifester leur volonté en faisant savoir, dans le délai de trois mois, s'ils entendent accorder des remises ou des délais au débiteur. A défaut de réponse, ils ne perdraient pas leur sûreté, mais seraient soumis aux délais et remises concordataires. Leur *silence* vaut donc *acceptation*. Mais ils peuvent refuser toute restriction à leurs droits ou encore accorder des délais ou des remises différents de ceux prévus dans les propositions concordataires. Il existe, toutefois, des exceptions à cet engagement tacite. Les *salariés* ne peuvent se voir imposer aucune remise, ni des délais excédant deux ans.

Est-ce à dire que tous les créanciers privilégiés ou titulaires de sûretés vont répondre négativement, s'ils ne sont pas négligents ? Ce n'est pas certain. La reprise de l'activité du débiteur leur sera parfois bénéfique, soit parce qu'ils ont d'autres créances qui ne sont pas privilégiées, soit parce qu'ils sont les fournisseurs de l'entreprise, qui est leur principal client. L'amitié d'un créancier n'est pas à écarter. Les misanthropes diront que les relations d'affaires ont une autre influence. Le créancier titulaire d'une sûreté risque de regretter une décision égoïste qui conduirait les autres à lui faire subir des mesures de rétorsion. La seule personnalité du débiteur permettrait de nombreuses variations, sans parler de celle du syndic ou de l'influence des habitudes locales.

B) *L'assemblée concordataire.* — Les créanciers vont se prononcer sur les propositions concordataires. Sont appelés à participer à l'assemblée, tous les créanciers figurant sur l'état des créances. S'ils y assistent, il est recommandé aux *créanciers privilégiés* ou titulaires d'une sûreté de s'abstenir de voter, s'ils entendent conserver leur privilège.

Il serait anormal que, par leur vote, ils puissent avoir une influence sur un concordat auxquel ils ne seraient pas soumis.

Les créanciers sont convoqués par avis insérés dans les journaux d'annonces légales et par lettres individuelles. Des précisions leur sont données sur la situation du débiteur et sur les propositions concordataires. Ils assistent en personne à la réunion ou s'y font représenter par un tiers justifiant d'une procuration. Le vote par correspondance a été écarté pour faciliter une discussion sérieuse. Mais l'absentéisme, comme pour beaucoup d'assemblées, est souvent élevé.

Le concordat doit être voté à une *double majorité.* On veut ainsi établir un équilibre entre de nombreux petits créanciers et quelques gros, qui seraient en désaccord. Il s'agit de la majorité *en nombre* des créanciers présents et représentés, admis définitivement ou par provision, s'ils représentent les *deux tiers*, au moins, des créances, compte non tenu de ceux qui n'ont pas pris part au vote.

Si ces deux majorités ne sont pas obtenues, le tribunal convertit le règlement judiciaire en liquidation des biens.

La réunion des deux majorités n'est pas suffisante pour que le concordat s'applique. Il doit être homologué par le tribunal.

2. L'homologation judiciaire du concordat. — Une telle intervention n'est pas surprenante dans une procédure où l'intérêt des parties n'est pas seul en cause. Les créanciers, par négligence, insouciance ou faiblesse, ne défendent même pas toujours leurs propres droits.

Le tribunal sera saisi à l'initiative de la partie la plus diligente, mais peut aussi se saisir d'office. Les créanciers qui n'auraient pas approuvé le concordat ont un droit d'*opposition*.

L'opposition doit être signifiée dans les huit jours du concordat au débiteur et au syndic. Afin d'éviter des oppositions de pure forme, il faut qu'elles soient motivées (v. art. 68 du décret du 22 décembre 1967). Le créancier qui agirait dans un but purement dilatoire ou abusif pourrait être condamné à une amende civile et à des dommages et intérêts.

Cependant, l'opposition n'est pas à négliger, parce qu'elle est un préalable exigé des créanciers qui désireraient faire appel ultérieurement du jugement d'homologation.

Le tribunal va vérifier si les conditions légalement énumérées sont réunies. Les motifs d'*homologation* ou de *rejet* du concordat sont souverainement appréciés par les juges. Le tribunal n'a cependant pas le pouvoir de modifier le concordat. Mais le débiteur, avec l'accord unanime de ses créanciers, pourrait, ultérieurement, lui apporter des modifications.

Pour homologuer le concordat, le tribunal recherchera si les *conditions de validité* et, notamment, celles du vote de l'assemblée, sont réunies. Il examinera si aucun motif, tiré de l'*intérêt public*, ne paraît de nature à en empêcher l'exécution. Il pourra alors se prononcer favorablement, si les offres du débiteur sont sérieuses. Lorsque le débiteur est une personne morale, l'homologation du concordat est subordonnée au remplacement des dirigeants faillis ou atteints de déchéances leur interdisant de diriger une entreprise commerciale (voir l'art. 72, 4° de la loi du 13 juillet 1967).

Le jugement peut être frappé d'appel. Ainsi, en cas de refus d'homologation, ce droit appartient au débiteur, au syndic ou aux créanciers chirographaires.

3. **Les effets du concordat.** — Avec le jugement d'homologation, la procédure prend fin. Le concordat s'impose aux créanciers et au débiteur. Celui-ci doit respecter ses engagements.

A) *La clôture de la procédure.* — Les organes du règlement judiciaire cessent leurs fonctions. La masse est dissoute. Le syndic remet au débiteur toutes les sommes qu'il détient pour son compte. Le débiteur n'est plus assisté par le syndic. Les contrats qu'il passera ou les actes qu'il accomplira seront opposables à ses créanciers, selon le droit commun.

Les effets du règlement judiciaire cessent. Pourtant un créancier ancien ne pourrait demander, sur la base d'une précédente créance impayée, que le débiteur soit remis en règlement judiciaire ou en liquidation des biens. « Faillite sur faillite ne vaut. » Des stipulations concordataires peuvent prévoir la nomination d'un ou de plusieurs *commissaires à l'exécution du concordat.* La loi n'impose aucune condition quant à leurs qualités. Leur mission principale, dont le contenu est déterminé par le tribunal, sera de surveiller le débiteur lors de l'exécution du concordat.

B) *L'exécution du concordat.* — Le concordat lie le débiteur et tous les créanciers dans la masse, même s'ils ne l'ont pas voté ou ont voté contre. La loi de la majorité l'emporte sur les volontés individuelles. Mais il est inopposable aux créanciers de la masse et aux créanciers privilégiés ou titulaires de sûretés qui ne l'ont pas voté et qui ont manifesté, dans les délais, leur intention de ne pas s'y associer. *A fortiori*, ne s'impose-t-il pas aux nouveaux créanciers.

Ses effets dépendent des propositions qu'avait faites le débiteur et dont le détail n'est pas légalement préétabli. On oppose souvent deux types génériques.

Les concordats *simples*, par lesquels le débiteur obtient des délais de paiement (atermoiement) ou des remises de dette. Le débiteur ne perd évidemment pas la possibilité de payer la totalité de sa dette, malgré une remise concordataire. Ce faisant, il ne pourrait se raviser, il aurait exécuté une obligation naturelle. Cette obligation est parfois prévue dans les stipulations concordataires. Elle est connue sous le nom de *clause de retour à meilleure fortune*. En la proposant, le débiteur s'engage à payer la totalité de sa dette, si l'évolution heureuse de sa situation financière lui en fournit les moyens. Analysant l'intention du débiteur, la jurisprudence y voit parfois plus qu'une obligation naturelle, et en fait une *obligation civile*, dont peuvent se prévaloir les créanciers pour en obtenir l'exécution.

Au lieu d'une exploitation directe par le débiteur, le concordat a pu prévoir que le fonds de commerce serait exploité par un locataire-gérant. Les redevances versées au débiteur par le gérant lui permettront de payer des dividendes à ses créanciers.

La formule du concordat par *abandon d'actif* présente des ressemblances avec la liquidation des biens. Comme le laissent pressentir les termes, le débiteur abandonne tout ou partie de ses biens, qui sont vendus. Le prix est distribué à ses créanciers. Mais, différence notable avec la liquidation des biens, le débiteur est *libéré*. Il se trouve quitte envers ses créanciers. Comme il s'agit d'un concordat, il est souhaitable que cette mesure ne fasse pas disparaître l'entreprise par un démantèlement.

C) *La remise en cause du concordat.* — Le concordat ne saurait être modifié en cours d'exécution, ni par une nouvelle assemblée des créanciers, ni par le tribunal, contrairement à ce qui est prévu pour le plan de redressement des entreprises. Mais son exécution peut être compromise par les agissements du débiteur.

Il sera *annulé* s'il a été obtenu par *dol* du débiteur, résultant d'une dissimulation d'actif ou d'une exagération du passif.

La *résolution* du concordat sera prononcée, si, ultérieurement, le débiteur ne respecte pas ses engagements concordataires ou les délais qu'il avait obtenus des créanciers privilégiés. A ces deux causes s'ajoute, pour une personne physique, l'interdiction d'exercer une activité commerciale et pour une personne morale, les déchéances qui atteignent les dirigeants de fait ou de droit (lire l'article 75 de la loi du 13 juillet 1967).

Annulation et résolution ont pour conséquence de ressusciter la procédure. Mais, ce n'est plus une procédure de règlement judiciaire. Elle est convertie en liquidation des biens. Toutefois, si le concordat cesse de produire effet, la période intermédiaire ne peut être totalement effacée. Il a fallu prendre en considération les tiers de bonne foi qui ont traité avec le débiteur qui n'était plus assisté et qui avait retrouvé ses pouvoirs d'administration et de disposition. Sauf fraude, les actes accomplis ne seront ni annulés, ni frappés d'inopposabilité. Les nouveaux créanciers entrent dans la masse, mais doivent produire. Les anciens créanciers ne sont plus soumis aux restrictions concordataires.

Enfin, le débiteur ne saurait impunément négliger ses nouveaux créanciers. Il serait à craindre que pour éviter une résolution du concordat, le débiteur n'exécute que ses obligations concordataires aux dépens de ses autres créances. Or, il n'est plus alors à l'abri de l'ouverture d'une *autre procédure* de règlement judiciaire ou de liquidation des biens, provoquée par le non-paiement des nouveaux créanciers. Si cela se produit, dans la masse qui apparaîtra, se retrouveront les créanciers des deux « époques ». Et, comme la seconde procédure sera indépendante de la première, il faudra concilier les droits de ces deux sortes de créanciers !

III. — L'insuffisance d'actif et l'extinction du passif

Voici deux dénouements extrêmes et antinomiques, mais radicaux. Encore le premier devrait-il être plus un entracte qu'une clôture. La ruine est telle qu'on ne sait comment faire face aux seuls frais de procédure. Le second, rêve de tout créancier, suppose que le débiteur paye l'intégralité de ses dettes. Si, dans un cas comme dans l'autre, la procédure devient inutile, les conditions ne sont guère comparables.

1. **L'insuffisance d'actif.** — Elle est doublement angoissante pour les créanciers. Le passif semble sans commune mesure avec la faiblesse de l'actif. Ils sont dans l'attente d'une illusoire solution.

Les frais d'une procédure sont donc *superfétatoires*. Aucune distribution de dividendes n'est envisageable. Aussi le syndic rend-il ses comptes, mais les organes de la procédure restent en place. Le débiteur est toujours dessaisi. La masse n'est pas dissoute. En revanche, chaque créancier retrouve son droit de poursuite individuel. Ce qui pallie l'inactivité du syndic. Encore que celui-ci ne soit pas privé du droit d'intervenir. La procédure n'étant pas terminée, le créancier, qui a réussi à se faire payer, pourra être contraint de rapporter les fonds au syndic. Cela n'encouragera pas les créanciers diligents dans leurs actions à demander la réouverture de la procédure. Le débiteur, dont les biens sont indisponibles, ne peut accomplir d'actes patrimoniaux opposables à la masse des créanciers. Il existe un danger pour les tiers qui risquent fort d'ignorer la situation, malgré la publicité qui en a été faite. Si le syndic dispose de sommes utiles, la procédure de liquidation des biens reprendra avec tous ses effets.

2. **L'extinction du passif.** — Espoir presque toujours déçu des créanciers apprenant qu'après l'établissement de l'état des créances le syndic s'est aperçu qu'il n'y avait plus de passif exigible ou qu'il disposait de sommes suffisantes pour y faire face. La clôture est prononcée par le tribunal. Elle ne met fin à la procédure que pour l'avenir. Le débiteur est alors rétabli dans ses droits, les organes de la procédure s'effacent.

DEUXIÈME PARTIE

LES DIRIGEANTS FAUTIFS

La règle d'or des nouvelles procédures, nous l'avons vu, est celle de la distinction de l'homme et de l'entreprise. Aussi existe-t-il des sanctions qui frappent les dirigeants, non pas pour l'unique raison des difficultés économiques et financières de l'entreprise, mais parce qu'ils ont personnellement démérité. La liquidation des biens n'est pas une cause de faillite, le règlement judiciaire ne se confond pas avec un prix de vertu.

Cependant, la distinction n'est pas aussi tranchée, des interférences sont constatées.

Si le débiteur est en liquidation des biens, il ne restera pas dirigeant de son entreprise, qui pourrait être vendue, avec ses autres biens, pour désintéresser ses créanciers. Il se peut aussi que l'entreprise, qui n'est pas viable, disparaisse. Le débiteur conserve le droit de créer une nouvelle entreprise, s'il n'a pas subi de déchéances.

En cas de règlement judiciaire, la découverte de fautes du débiteur entraînant sa déchéance de diriger une entreprise commerciale conduit le tribunal à convertir la procédure en liquidation des biens. Ce qui aboutit au démentellement ou à la cession de l'entreprise.

Lorsqu'une personne morale exploite une entreprise, elle est débitrice. Les dirigeants sont des personnes physiques ou morale. Ils peuvent être à la tête tant de la personne morale en difficulté que de l'entreprise. Le risque était grand que des individus peu scrupuleux tirent prétexte de l'existence de la personne morale pour échapper à leurs responsabilités patrimoniales. N'aurait-il pas été choquant que la création d'une société modifiat radicalement la responsabilité des dirigeants. Des dispositions spécifiques ont été prévues pour qu'ils puissent être mis en cause et condamnés à payer tout ou partie des dettes sociales. Le premier chapitre sera consacré à cette question.

En outre, il existe un autre risque tenant à la malhonnêteté ou à l'incompétence des dirigeants personnes physiques. Il importe alors peu qu'ils soient à la tête d'une personne morale ou d'une entreprise individuelle. Les dangers qu'ils font courir aux tiers sont les mêmes. Ils subiront des déchéances, telles que la faillite. Elles feront l'objet d'un deuxième chapitre.

Enfin, pour les infractions graves, sont prévues des sanctions pénales qui seront indiquées dans le troisième chapitre.

Chapitre Premier

LA RESPONSABILITÉ PÉCUNIAIRE DES DIRIGEANTS DE PERSONNES MORALES

Le législateur s'est montré sévère pour les dirigeants. Mais cette sévérité ne s'étend pas à tous (A) et les sanctions sont diversifiées (B).

I. — Les dirigeants visés

La loi du 13 juillet 1967 prévoit, on le sait, que peuvent être mises en règlement judiciaire ou en liquidation des biens les personnes morales de droit privé, même non commerçantes.

On aurait pu s'attendre à ce que leurs dirigeants, sans distinction, soient soumis aux mêmes sanctions.

Par une logique plus apparente que réelle, les dirigeants de personnes morales n'ayant pas d'objet économique et ne poursuivant, ni en droit, ni en fait, un but lucratif y échappent. Ce sera le cas, par exemple, du président d'une association à but philanthropique. Malheureusement, il n'est pas prouvé que le désintéressement du groupe se retrouvera chez ses dirigeants. N'est-il pas coupable de cacher les agissements intéressés derrière une honorable association ?

Il n'empêche que la « liste professionnelle » des

dirigeants visés par le législateur est étendue. A la lecture de l'article 99 ou de l'article 101, s'y découvrent d'abord les dirigeants *de droit* : président de conseil d'administration, membre de conseil d'administration, gérant...

La loi parle ensuite des dirigeants *de fait*. On atteint ceux qui se sont immiscés dans cette fonction. Leur comportement et non leur qualité est déterminant. Toutefois, celui qui se contenterait de conseiller les dirigeants ne serait pas assimilé à un dirigeant de fait.

Cette notion de dirigeants a donc de quoi en inquiéter plus d'un.

Paradoxe de la solution, cette législation, qui a pour but de protéger, risque d'aggraver parfois une situation par ses menaces virtuelles. Par exemple, les banquiers tentés d'aider une entreprise souhaitent assortir leurs concours financiers d'un droit de contrôle sur la gestion de leur débiteur. Ils doivent avoir la prudence d'éviter que cette surveillance ne soit assimilée, en raison de la passivité des dirigeants de droit, en une immixtion.

Enfin, ni l'anonymat, ni la fuite ne sont des excuses. La démission des dirigeants avant la liquidation des biens ou le règlement judiciaire de la personne morale n'est pas un obstacle à leur condamnation. Pas même leur décès, puisque le passif successoral pourrait comprendre les droits à réparation du préjudice causé par leur comportement.

Il suffira pour qu'ils puissent être poursuivis, selon la jurisprudence dominante, qu'ils aient été en fonction à une époque à laquelle était déjà créée la situation qui devait aboutir à la cessation des paiements de la personne morale ou encore qu'ils aient commis des fautes graves.

Pour tous ces dirigeants, plusieurs sanctions sont prévues.

II. — Les sanctions

Elles varient selon le comportement des dirigeants et sont au nombre de deux : « l'action en comblement du passif social » (1), l'ouverture d'une procédure de règlement judiciaire ou de liquidation des biens du dirigeant (2). Leur responsabilité de droit commun n'est pas non plus exclue (3).

1. **L'action en comblement du passif social.** — Elle est décrite à l'article 99 de la loi du 13 juillet 1967, qui est rigoureux pour les dirigeants en n'exigeant pas qu'une faute soit prouvée. Lorsque le règlement judiciaire ou la liquidation des biens d'une personne morale fait apparaître *une insuffisance d'actif*, le tribunal peut décider que les dettes sociales seront supportées par les dirigeants. On *présume* que ce déficit est la conséquence d'une gestion fautive. Leur responsabilité pourra être engagée dès lors qu'il est démontré, simplement, qu'ils étaient dirigeants, ce qui n'est guère difficile pour les dirigeants de droit.

Pour dégager leur responsabilité, les dirigeants impliqués doivent faire la preuve qu'ils ont apportés à la gestion des affaires sociales toute l'activité et la diligence nécessaires. Mais cette preuve pourrait être très difficile à rapporter. Le législateur est parti du principe que les difficultés de l'entreprise, par leur existence même, indiquent que la gestion a été défaillante. Les dirigeants ont échoué. Comment démontreront-ils qu'ils apportèrent, jour après jour, décision par décision, tous leurs soins aux affaires sociales ?

Jusqu'à présent les tribunaux ont fait preuve de sagesse dans l'application du texte. Ce n'est pas seulement pour se donner bonne conscience s'ils s'appuient sur des fautes et des négligences des dirigeants, avant de leur faire supporter l'insuffisance d'actif. D'ailleurs, une fois que les choses ont mal tourné, un comportement qui aurait été jugé hardi en période faste prend la coloration d'une grave imprudence dans un dossier de « faillite ». Le renversement de la présomption est rarement obtenu. Ce texte redoutable donne aux tribunaux un très grand pouvoir d'appréciation. La jurisprudence a admis que le dirigeant puisse s'assurer contre ce risque.

Si l'action en comblement de passif réussit, elle profite à la *masse* des créanciers. Elle est, en principe, exercée par le *syndic*, mais le tribunal pourrait se saisir d'office. Le tribunal peut faire supporter les dettes sociales en tout ou en partie par tous les dirigeants ou par certains d'entre eux, avec ou sans solidarité. L'action se prescrit par *trois ans*, à compter de l'arrêté définitif des créances.

S'il ne paye pas les dettes mises à sa charge, le tribunal prononcera contre lui un jugement de règlement judiciaire ou de liquidation des biens (v. article 100 de la loi du 13 juillet 1967, et pour la faillite personnelle, l'article 109).

2. L'extension du règlement judiciaire ou de la liquidation des biens. — L'hypothèse précédente est une de celles qui risquent d'aboutir au règlement judiciaire ou à la liquidation des biens du dirigeant, elle n'est pas la seule. D'autres sont prévues à l'article 101 de la loi du 13 juillet 1967. Les présomptions ne suffisent plus.

Pour qu'un dirigeant soit mis personnellement en règlement judiciaire ou en liquidation des biens, il faut que des *fautes* précises soient relevées contre lui. Il ressort de l'article 101 de la loi du 13 juillet 1967, que, s'il n'est pas indispensable que le dirigeant se soit comporté comme un véritable exploitant, se cachant derrière une société fictive, il devra néanmoins avoir *abusé* de ses pouvoirs de gestion dans un intérêt personnel. Avec un préalable aux poursuites : que la personne morale qu'il dirige soit en règlement judiciaire ou en liquidation des biens. Trois sortes d'actes sont répréhensibles :

1) Avoir, sous le couvert de la personne morale, masquant ses agissements, fait des *actes de commerce* dans un *intérêt personnel*.

2) Le dirigeant sera également coupable d'avoir disposé des *biens sociaux* comme des siens propres. Peut, ainsi, être condamné, celui qui s'est servi du matériel de la personne morale pour ses besoins privés ou encore qui s'est octroyé une rémunération excessive.

3) Enfin, il lui serait reproché d'avoir poursuivi abusivement, dans son intérêt personnel, une *exploitation déficitaire* qui ne pouvait conduire qu'à la cessation des paiements de la personne morale. Le dirigeant constate que le passif s'aggrave, mais ne veut pas perdre sa rémunération.

La procédure ouverte contre le dirigeant sera distincte de celle mise en œuvre pour la personne morale. Le choix entre le règlement judiciaire et la liquidation des biens dépendra des possibilités de paiement du dirigeant, s'il est une *personne morale*. S'il est une *personne physique*, au contraire, la liquidation des biens sera obligatoire, en raison des déchéances qu'entraînent les fautes commises (art. 75, 106 et 107 de la loi du 13 juillet 1967). Ce sont des cas de faillite personnelle obligatoire.

Cette « extension » aux dirigeants, des procédures de règlement judiciaire ou de liquidation des biens, est en contradiction avec l'idée force de la loi de 1967. Des procédures à finalité financière mais aussi économique sont appliquées à titre de sanction à une personne qui n'a pas forcément d'entreprise personnelle distincte de celle exploitée par la personne morale. Mais son efficacité n'est pas niable. Que l'on songe par exemple au dessaisissement du débiteur ou même, pourquoi pas, aux inopposabilités de la période suspecte, puisqu'en principe la date de la cessation des paiements sera celle retenue pour la personne morale.

3. **La responsabilité de droit commun.** — En dehors de tout règlement judiciaire ou de toute liquidation des biens, les dirigeants engagent leur responsabilité par les fautes qu'ils commettent dans la constitution, dans la gestion ou dans la surveillance des personnes morales. Ce qu'ignorent parfois les « grands-mères » complaisantes des conseils d'administration de sociétés familiales. Le droit de la responsabilité civile et le droit des sociétés offrent aux victimes des actions en réparation des dommages que les agissements des dirigeants ont causés. Un *tiers* ou même un créancier de la personne morale, subissant un préjudice distinct, a le droit de réclamer des dommages et intérêts au dirigeant. Si c'est la *masse* qui en est victime, l'action sera exercée par le syndic. Enfin, il est à noter que la personne morale peut réclamer à l'un de ses dirigeants la réparation d'un préjudice qu'il lui aurait causé. Mais les associés, les membres de la personne morale, perdent le droit d'exercer cette action pour le compte du groupement (action sociale *ut singuli*). Le syndic a seul qualité pour représenter ou assister la personne morale. Cette hypothèse est à distinguer de celle dans laquelle un associé invoque un préjudice personnel distinct. Dans la première, c'est la personne morale qui est bénéficiaire des dommages et intérêts, dans la seconde, c'est l'associé.

Chapitre II

LES DÉCHÉANCES CIVIQUES ET PROFESSIONNELLES

Le législateur permet aux tribunaux de prononcer des déchéances pour fraude ou impéritie des commerçants ou des dirigeants de personnes morales en règlement judiciaire ou en liquidation des biens.

Le principe de la distinction de l'homme et de l'entreprise est maintenu. La « police » de la direction des entreprises n'est pas fondée sur le seul déclin d'une activité ou sur la simple constatation de la cessation des paiements. Les sanctions prises seront motivées par les irrégularités commises par les dirigeants quel que puisse être, en principe, le sort de l'entreprise. Toutefois, on le sait, les débiteurs personnes physiques qui subissent des déchéances, perdant le droit de diriger leur entreprise, ne bénéficient plus d'un concordat, leur règlement judiciaire doit être converti en liquidation des biens.

La gradation des sanctions a été prévue en fonction de la gravité des fautes commises. A l'exception de la déchéance des fonctions électives qui s'attache au seul prononcé d'un jugement de règlement judiciaire ou de liquidation des biens (art. 110 de la loi du 13 juillet 1967).

Pour les autres déchéances, le tribunal prendra en considération des fautes qui sont révélatrices d'un risque pour l'ordre public.

Certaines dispositions visent tous les commerçants personnes physiques, quand bien même ils ne seraient pas immatriculés au registre du commerce et des sociétés.

En sont passibles, également, les dirigeants de certaines personnes morales. Celles qui sont commerciales et, plus largement, celles qui poursuivent, en droit ou en fait, un but lucratif. Ces dirigeants doivent être des personnes physiques. On leur assimile les personnes physiques représentants permanents de personnes morales dirigeantes. Les dirigeants peuvent être de droit, de fait, occultes ou apparents, rémunérés ou bénévoles (v. art. 104 et s. de la loi du 13 juillet 1967).

On aurait peut être dû décider de manière générale que l'exclusion de dirigeants inefficaces ou malhonnêtes puisse être imposée avant la cessation des paiements ou l'ouverture d'une procédure, pour en prévenir l'événement (v. introduction). Elle serait justifiée par l'accomplissement d'actes caractéristiques.

Il n'existe que quelques textes spécifiques. Des dispositions de droit commun sont, par exemple, prévues par une loi du 30 août 1947, qui a pour but l'assainissement des professions commerciales et qui instituent des déchéances si une personne a commis des fautes graves. Elle atteint, notamment, ceux qui ont été condamnés à plus de trois ans d'emprisonnement pour des infractions de caractère patrimonial ou économique : vol, escroquerie... Le décret-loi du 8 août 1935 vise les dirigeants de sociétés.

L'ordonnance du 23 septembre 1967, sur le redressement des entreprises, permet au tribunal de limiter l'activité du débiteur et de prescrire, à peine de caducité du plan, le remplacement des dirigeants auxquels seraient imputables principalement les difficultés financières de l'entreprise. Mais ce texte a une portée limitée à certaines entreprises seulement.

En fait, dans les autres cas, la situation n'est pas forcément figée. On a parfois pu faire comprendre à des dirigeants que leur « blocus » risquait de leur coûter très cher. La perspective d'échapper à d'éventuelles sanctions patrimoniales ou pénales est parfois une forte incitation à la retraite.

La sanction la plus connue emporte un ensemble de déchéances civiques et professionnelles. C'est la faillite personnelle. Les autres n'en sont qu'un démembrement. Elles se traduisent par une élimination, plus ou moins complète, des dirigeants de la vie des affaires.

Le dirigeant est cité à comparaître par le président du tribunal et non pas par le syndic ou par un créancier. Toutefois, si le syndic a connaissance de faits susceptibles d'entraîner la faillite ou une sanction voisine, il doit en avertir le Procureur de la République et le juge-commissaire (v. art. 101 et s. du décret du 22 décembre 1967). Les jugements prononçant une de ces sanctions sont inscrits au casier judiciaire du dirigeant et sont mentionnés sur un registre tenu au greffe du tribunal. Ils font l'objet d'une publicité dans un journal d'annonces légales et au *Bulletin officiel des Annonces civiles et commerciales.* On regrettera qu'aucune sanction générale et directe n'ait été prévue pour le cas où le dirigeant passerait outre à une interdiction.

Après l'étude de la faillite (I) et des déchéances spéciales (II), il faudra envisager la réhabilitation (III).

I. — La faillite personnelle

Cette sanction a pour but de mettre le dirigeant hors d'état de nuire, en l'excluant de la vie économique et en flétrissant son honorabilité. On constatera, cependant, que la distinction entre le comportement des hommes et le sort de l'entreprise est imparfaite, d'une part, et que, d'autre part, des débiteurs dont les fautes sont légères peuvent être atteints par d'aussi graves sanctions. Leur réhabilitation n'effaçant pas toujours, aux yeux de l'opinion publique, le retentissement de leur condamnation.

Or, les conséquences de la faillite personnelle seront semblables (2), quelle que puisse être la cause de la condamnation (1).

1. **Les cas de faillite personnelle.** — Le législateur a prévu des cas de faillite personnelle *obligatoire* et des cas de faillite *facultative.* Par une différence de rédaction illogique, la faillite personnelle facultative ne s'étend pas à tous les dirigeants de personnes morales qui ont un objet économique et poursuivent un but lucratif, mais à ceux des seules personnes morales commerciales.

A) *Les cas de faillite personnelle obligatoire.* — Ils sont décrits aux articles 106 et 107 de la loi du 13 juillet 1967. Si le tribunal constate que les dirigeants ont commis une de ces fautes, il devra les condamner.

Il s'agira par exemple de ceux qui ont soustrait la comptabilité de leur entreprise ; exercé une activité commerciale personnelle par personne interposée, usé des biens sociaux comme des leurs propres... et plus généralement commis des actes de mauvaise foi ou des imprudences coupables ou enfreint gravement les règles et usages du commerce.

Cette dernière formule accroît considérablement la liste des cas de faillite obligatoire (v. art. 107 de la loi du 13 juillet 1967.)

On ajoutera que le dirigeant condamné aux peines de la banqueroute simple ou frauduleuse sera aussi dans un cas de faillite personnelle obligatoire.

B) *Les cas de faillite personnelle facultative.* — Ils sont prévus à l'article 108 de la loi du 13 juillet 1967. Le tribunal, même s'il s'aperçoit que de telles fautes sont à reprocher aux dirigeants, a la faculté de prononcer une condamnation à la faillite personnelle, de ne leur faire encourir qu'une sanction atténuée ou, encore, de les absoudre.

Les cas retenus sont plus révélateurs de négligence ou d'incompétence que de malhonnêteté. Ce texte parle de ceux qui ont commis des fautes autres que celles visées à l'article 107 ou ont fait preuve d'une incompétence manifeste. Il y a ainsi un risque à exercer une profession pour laquelle on ne manifeste aucune compétence. La notion même de faute est laissée à l'appréciation du tribunal.

Enfin, trois comportements précis sont cités. Le débiteur n'a pas déclaré dans les quinze jours la cessation de ses paiements. Il a été mis en liquidation des biens ou mis en état de règlement judiciaire, il n'a pas obtenu de concordat. Condamné à payer tout ou partie du passif social, il n'a pas acquitté sa dette.

On pourra s'étonner que l'état de liquidation des biens ou la conversion d'un règlement judiciaire soient cités comme cause de faillite personnelle. Formule inutile, puisqu'elle est facultative et que le tribunal, s'il veut condamner, peut s'appuyer sur n'importe quelle faute. Reste l'hypothèse d'école du débiteur irréprochable, en état de liquidation des biens. Mais qui songerait à le punir ?

2. Les effets de la faillite personnelle. — Par une méthode discutable, le législateur, à l'article 105, ne précise pas directement quelles sont les conséquences de la faillite personnelle. Il se contente d'indiquer que les faillis sont soumis aux déchéances et interdictions applicables aux personnes qui étaient déclarées en état de faillite au sens donné à ce terme antérieurement à l'entrée en vigueur de la présente loi (du 13 juillet 1967). Ces déchéances « fossiles » sont à la fois d'ordre professionnel et d'ordre civique. L'inspiration en est économique et morale. Il faut éliminer un coupable et donner un sens exemplaire à sa sanction. Certains trouveront peut-être suranné que le mauvais débiteur soit jugé mauvais citoyen.

Le failli est exclu des fonctions publiques, administratives ou judiciaires. Il ne pourra plus orner le revers de sa veste de décorations telles que la légion d'honneur, ou la médaille militaire. Le failli, s'il est officier de réserve, sera rayé des cadres.

De nombreuses professions lui sont fermées. Il perd le droit d'exercer des fonctions de direction, de gérance, d'administration ou de contrôle des entreprises commerciales à forme individuelle ou sociale. A l'exception de professions qui lui sont expressément interdites par un texte, il peut encore exercer une profession non commerciale ou salariée. L'agriculture, l'artisanat s'offrent encore à lui.

II. — Les déchéances spéciales

Lorsque les fautes reprochées à un chef d'entreprise sont de celles provoquant *la faillite personnelle facultative*, le tribunal peut ne prononcer qu'une sanction moindre.

Au lieu de le soumettre à l'ensemble des déchéances des faillis, il ne lui fera subir que certaines des sanctions professionnelles, sortes de faillites atténuées.

Le tribunal pourra interdire à l'intéressé de diriger, gérer, administrer ou contrôler toute entreprise, mais commerciale. Si la « malfaisance » du dirigeant est « localisée », le tribunal limitera l'interdiction à une personne morale. Le texte de l'article 108 ne précise plus qu'il doit s'agir d'une personne morale commerciale. Il eût été souhaitable que le vocabulaire fût harmonisé à l'intérieur d'un même article.

Le but du texte étant d'éviter une application sans nuance de la faillite, sa formulation devrait donner la plus grande liberté aux tribunaux en fonction des espèces.

Ces interdictions pourront avoir les mêmes effets que la faillite sur la conversion du règlement judiciaire en liquidation des biens et sur le refus d'homologation du concordat des personnes morales.

Aucun délai de prescription n'est indiqué, à propos de leur durée. Or, certaines causes de faillite sont loin d'être la consécration d'une noirceur d'âme impénitente.

Le dirigeant déchu n'a plus que l'espoir, ténu, de sa réhabilitation ou d'une loi d'amnistie.

III. — La réhabilitation

« Le saint prêtre indiquait au ciel un martyr de la probité commerciale à décorer de la palme éternelle. » C'est ainsi que Balzac, en 1837, décrit le failli réhabilité que l'émotion, trop forte, de l'honneur retrouvé terrassera dans une apothéose commerciale. Si la sévérité du XIXe siècle envers les débiteurs défaillants s'est atténuée, la réhabilitation reste soumise à des conditions draconiennes d'apurement du passif, de probité. Et la loi est plus rigoureuse pour les dirigeants de personnes morales que pour les commerçants personnes physiques (art. 113 à 125).

Un créancier impayé peut faire opposition à la réhabilitation. Il risque ainsi d'exercer une sorte de chantage moral sur le débiteur.

Si la demande du débiteur était rejetée, elle ne pourrait être renouvelée qu'après une interruption d'un an.

Des conditions particulières ont été prévues pour les dirigeants de personnes morales.

Une fois les faillis et débiteurs déchus réhabilités, ils sont lavés de leurs déchéances et autres interdictions. César Birotteau à l'audience « mit alors machinalement le ruban de la légion d'honneur à sa boutonnière ». Cependant, cette réhabilitation morale et professionnelle ne libère pas pécuniairement le débiteur qui n'aurait pas intégralement désintéressé ses créanciers.

CHAPITRE III

LES SANCTIONS PÉNALES

Dans les cités marchandes italiennes, au Moyen Age comme dans l'ancien droit français, le débiteur failli était un criminel. Son incarcération s'accompagnait de manifestations violentes propres à marquer les esprits. On sait que les habitudes revivent sous forme de métaphore : banqueroute *(banco rotto)*. Pendant longtemps le droit français n'a pas distingué les mesures d'ordre financier des dispositions répressives. Le failli était un coupable présumé.

De nos jours, le règlement judiciaire, la liquidation des biens, la faillite personnelle n'entraînent pas la condamnation pénale du débiteur.

Il n'en va autrement que lorsque des fautes précises ont été commises.

L'*autonomie du droit pénal* permet au juge répressif d'interpréter souverainement des notions comme celle de la cessation des paiements, sans être lié par les constatations des juges consulaires ou civils.

Il existe plusieurs délits. Les uns visent les commerçants, personnes physiques, ce sont les banqueroutes, *stricto sensu* (I). D'autres menacent les dirigeants de personnes morales et sont comparables aux banqueroutes (II). D'autres, enfin, touchent ceux qui gravitent autour du débiteur et de la procédure : parents, amis, syndics... (III).

I. — Les banqueroutes

En sont coupables, les commerçants dont les agissements ont été malhonnêtes ou même malchanceux. La loi du 13 juillet 1967 donne la liste des comportements répréhensibles, parmi lesquels on trouve tout aussi bien les dépenses personnelles excessives, les négligences comptables que les cascades de liquidations des biens clôturées pour insuffisance d'actif. Le tribunal correctionnel apprécie la qualité de commerçant selon le droit commun. Ce commerçant doit être en état de cessation des paiements, mais il n'est pas nécessaire qu'il soit en règlement judiciaire ou en liquidation des biens. Le complice peut être condamné, même s'il n'est pas en état de cessation des paiements ou n'a pas la qualité de commerçant. Il suffit qu'il ait voulu s'associer à une entreprise coupable en connaissant l'état de cessation des paiements de l'auteur de l'infraction.

Le syndic ne peut agir au nom de la masse qu'après y avoir été autorisé par une décision de la majorité des créanciers présents à l'assemblée. L'action individuelle d'un créancier est admise, mais elle a la particularité de ne pas lui permettre d'obtenir des dommages et intérêts qui rompraient l'égalité entre les créanciers. Cette règle est étrangère à l'action civile exercée contre un prévenu qui n'est pas le débiteur déclaré en règlement judiciaire ou en liquidation des biens, mais son complice.

L'action publique, comme l'action civile, se prescrit par *trois ans* à compter du jour de la cessation des paiements ou de l'accomplissement des actes, s'ils sont postérieurs.

La banqueroute n'est qu'un délit. Il n'y a plus de crime de banqueroute frauduleuse depuis 1958. (Tuer la fortune d'un homme, c'est quelquefois pire que le tuer lui-même », Balzac, *Sarrasine*).

Cependant, selon la gravité de ses fautes, le débiteur sera passible des peines de la banqueroute simple ou de la banqueroute frauduleuse (v. art. 127 et s. de la loi du 13 juillet 1967).

La banqueroute simple est punie d'un *emprisonnement* d'un mois à deux ans (art. 402 du Code pénal).

Elle emporte de plein droit la faillite personnelle du débiteur et les interdictions de diriger, gérer, administrer ou contrôler une personne morale ou des entreprises commerciales. Le tribunal peut *relever* le délinquant des interdictions attachées à la condamnation ou en limiter la durée.

La banqueroute frauduleuse est punie de un à cinq ans d'emprisonnement (art. 404 du Code pénal). L'interdiction des droits civils, civiques et de famille peut être prononcée à l'égard des banqueroutiers. La condamnation entraîne de plein droit la faillite personnelle et l'interdiction de diriger, gérer, administrer, contrôler toute entreprise commerciale ou une personne morale.

II. — Les délits des dirigeants de personnes morales

Des sanctions spécifiques ont été prévues pour punir les dirigeants de personnes morales qui n'ont pas la qualité de commerçants.

Une personne morale en état de cessation des paiements n'est pas elle-même condamnée pour banqueroute, mais ses dirigeants sont passibles des peines de la banqueroute simple ou frauduleuse, s'ils ont commis un délit assimilé à la banqueroute (v. art. 130 et s. de la loi du 13 juillet 1967).

Les poursuites sont mises en œuvre dans des conditions comparables à celles de la banqueroute.

III. — Les délits commis par des tiers

La cessation des paiements d'un débiteur, le déroulement de la procédure et ses règles spécifiques pourraient être le prétexte d'agissements malhonnêtes dont les motivations sont diverses de la part de leurs auteurs.

Certains tenteront de tirer un profit personnel de l'affolement du débiteur ou de leur rôle dans la procédure. D'autres, par dévouement ou par affection, voudront protéger le débiteur dans l'adversité, en couvrant des malversations. Les créanciers en seraient les victimes.

Sont ainsi visés les parents ou amis du débiteur qui auront caché, même sans complicité avec lui, des biens lui appartenant (v. art. 143 et 144 de la loi du 13 juillet 1967).

On pense aux amis emportant hâtivement des meubles dont il ne restera plus, dans l'appartement du débiteur, qu'une tache plus foncée sur un mur !

Deux sortes d'infractions des créanciers sont punies : la production frauduleuse de créances fallacieuses (art. 143 de la loi de 1967) ; l'obtention d'avantages particuliers, notamment en récompense d'un vote dans les assemblées concordataires (v. art. 147 de la loi de 1967).

De telles conventions sont *nulles* et non pas seulement inopposables aux créanciers. Le débiteur pourrait se prévaloir de la nullité. Le créancier sera tenu de rapporter ce qu'il a reçu et pourrait être condamné à des dommages et intérêts. « Monnayer » son vote coûterait cher au créancier.

Le syndic qui se rendrait coupable de malversations dans la gestion encourt les peines de l'abus de confiance aggravé, qui vont jusqu'à dix ans d'emprisonnement. Les mêmes peines sont prévues contre tous ceux, syndic inclus, qui ayant participé à l'administration du règlement judiciaire ou de la liquidation des biens, se rendent acquéreurs des biens du débiteur (art. 146 de la loi de 1967).

Les infractions de droit commun ne sont pas écartées par les dispositions spéciales que nous venons de voir. Des vols, des escroqueries, des abus de confiance peuvent être commis, mais aussi sanctionnés. Heureusement, malgré le retentissement de certaines « faillites », ces virtualités pénales ne se concrétisent que très exceptionnellement.

BIBLIOGRAPHIE SOMMAIRE

ARGENSON et TOUJAS, *Règlement judiciaire, liquidation des biens faillite ; Traité et formulaire*, Librairies techniques, 1973, et supplément, 1978.

BÉGUIN, *Les procédures spéciales aux affaires*, Librairies Techniques, 1973 (coll. « Droit et Gestion »).

DERRIDA, La réforme du règlement judiciaire et de la faillite, *Répertoire du Notariat Defrénois*, 1969.

GUYÉNOT, *Procédures collectives du droit commercial, règlement judiciaire et liquidation des biens*, LICET, 1969.

JUGLART et IPPOLITO, *Faillite*, Editions Montchrestien, 1977.

LE GALL, *Les effets de commerce, les contrats commerciaux, renflouement et liquidation des entreprises*, Mémento Dalloz, 1980.

MARTIN, *Pratique du règlement judiciaire, de la liquidation des biens, faillite et banqueroutes*, Delmas, 1976 (coll. « Ce qu'il vous faut savoir »).

Répertoire de Droit commercial Dalloz, V^{is}, Règlement judiciaire, liquidation des biens, t. III, par G. BORD, M.-J. CAMPANA-REYMOND DE GENTILE, F. DERRIDA, J. DERRUPÉ, M. FOURNIER, Y. GUYON, A. HONORAT, R. HOUIN, A. PIROVANO, G. RIVES.

ROBLOT, *Traité élémentaire de Droit commercial de Georges Ripert*, t. 2, Librairie générale de Droit et de Jurisprudence, 1976.

RODIÈRE et FOURNIER, *La faillite dans la jurisprudence*, Librairies techniques, Recueil systématique de jurisprudence commentée, 1974.

RODIÈRE et OPPETIT, *Droit commercial ; Effets de commerce, contrats commerciaux, faillite*, Précis Dalloz, 1978.

TABLE DES MATIÈRES

Imprimé en France, à Vendôme
Imprimerie des Presses Universitaires de France
1981 — N° 27 527